고령자 씨, 지금 무슨 생각하세요?

고령자 씨,
지금 무슨 생각하세요?

사토 신이치 지음
우윤식 옮김

노년의 심리를
이해하는
112개 키워드

지은이 사토 신이치佐藤 眞一

오사카대학교 명예 교수 및 오사카 사회복지사업단 특별 고문. 와세다대학교에서 심리학 박사후과정을 마치고 도쿄 노인종합연구소 연구원, 독일 막스플랑크 인구통계학연구소 선임 연구원, 메이지가쿠인대학교 심리학부 교수, 오사카대학교 대학원 인간과학연구과 노년행동학 및 임상사생학 교수, 일본 노년행동과학회 회장 등을 역임했다. 2022년에 정년 퇴임한 뒤 일본 응용노년학회 이사, 일본 치매케어학회 대의원으로 활동하고 있다. 우리나라에 번역된 책으로《나이 든 나와 살아가는 법》《우리 가족에게 치매가 찾아왔다》(공저)가 있고, 그 외 대표작으로《심리노년학과 임상사생학》《알기 쉬운 고령자 심리학》《치매 걸린 사람의 마음은 어떻게 되어 있을까?》《만화로 보는 치매》등이 있다. 공저로는 《노인의 마음》《늙음과 마음 케어》《에이징 심리학》등이 있다.

옮긴이 우윤식

서울대학교를 졸업하고 한국과 일본에서 금융 및 투자업에 종사했다. 더 큰 세상을 무대로 자유롭게 일하며 살아가고자 하는 꿈을 가지고 있다. 살면서 깨달은 것들을 글로 나누거나 가치 있는 정보를 생산하는 데 보람을 느낀다. 옮긴 책으로《바꾸어나가는 용기》《숫자 1도 모르는 당신이 마케팅 천재가 되는 법》등이 있다.

고령자씨, 지금 무슨 생각하세요?

ⓒ 사토 신이치, 2024

초판 1쇄 발행 2024년 4월 12일 | **초판 2쇄 발행** 2024년 5월 20일

지은이 사토 신이치
옮긴이 우윤식
펴낸이 이상훈
인문사회팀 최진우 김지하
마케팅 김한성 조재성 박신영 김효진 김애린 오민정

펴낸곳 ㈜한겨레엔 www.hanibook.co.kr
등록 2006년 1월 4일 제313-2006-00003호
주소 서울시 마포구 창전로 70(신수동) 화수목빌딩 5층
전화 02-6383-1602~3
팩스 02-6383-1610
대표메일 book@hanien.co.kr
ISBN 979-11-7213-039-8 03180

나이 든 사람의 생각과 심리를
이해하기 어려운 이유

우리는 노년에 대해 얼마나 알고 있을까요? 일본 사회는 초고령화되어 전체 인구에서 65세 이상 노인이 차지하는 비율이 이제 30%에 육박하고 있습니다. 평균 수명도 여성은 88세, 남성은 83세를 앞두고 있고, 100세 이상 초고령자도 9만 명을 넘어설 기세로 증가하고 있습니다.

　그에 따라 간호를 받는 사람들도 늘어나는 반면, 예전 같으면 이미 고령자라고 할 수 있는 70대 중에서도 아직 중년이 아닌가 싶을 만큼 젊게 사는 사람이 많은 시대가 되었습니다. '노인'이라는 단어로 한데 묶을 수 없을 정도로 다양화가 진행되고 있습니다. 세상에 다양한 노인들이 넘쳐 나고 관련 연구가 진행되는 한편, 모르는 것도 점점 더 많아지고 있는 상황입니다.

　지금으로부터 약 45년 전, 저는 고령자의 심리를 공부하고자 대학의 심리학과에 입학했습니다. 그러나 당시는 고령자에 관한 수업조차 없는 시대였기에, 담당 교수님과 상담하여 발달 심리학 연구실에 들어가게 되었습니다. 그곳은 주로 유아·아동에 관한 강의와 연구를 했기에, 저는 고령자 연구를 고집하여 대학원생의 조언을 받아 독자적으로 공부를 하고, 졸업 논문의 주제 또한 노인에 관한 것으로 선정했습니다. 그러나 그때 동급생에게 들었던 말을 지금도 잊을 수가 없습니다.

　"미래가 없는 노인에 대한 연구가 도대체 무슨 의미가 있는 거야?" 그 말을 듣는 순간, '아이도 내일이 있다고는 할 수 없고 나도 마찬가지다. 미래가 있다고 믿으며 현재를 사는 것은 어린이, 젊은이, 노인이 모두 마찬가지 아닐까?' 하는 생각이 제 안에서 고개를 들었습니다.

　일반적으로 어린이와 젊은이는 자신에게 무한한 미래가 펼쳐져 있다고 생각하며 살고 있습니다. 20세를 조금 넘긴 당시의 저 또한 그렇게 생각하고 있다는 걸 깨달았습니다. 그런데 노인도 과연 그러할까요? 자신의 미래가 그리 길지 않다고 생각할 수는 있지만 '미래가 없다'고는 생각하지 않을 것이라고, 역시 우리는 고령자들에 대해 잘 모르는 것이 아닌가 하는 확신이 들었습니다.

그 후 저는 대학원에 가서 노년 심리학 연구원이 되었습니다. 일본 사회가 고령화로 향한다는 시대적 변화 속에서 고령자 연구도 서서히 주목받게 되어 몇 권의 책을 쓸 기회도 얻었습니다. 당시 저에게 '노인에게 미래는 없다'고 말한 동급생이나 '노인 연구를 하려는 특이한 학생이 있다' 정도로 생각한 다른 동급생들도, 이제는 제가 노인 연구를 지속해 왔다는 것을 인정하는 것 같습니다.

제가 고령자 연구를 45년이나 계속할 수 있었던 것은 연구를 하면 할수록 새로운 의문이나 과제가 차례차례 나타났기 때문입니다. 지금 저에게 중요한 연구 주제가 된 치매(인지 저하증)도 그중 하나입니다. 치매 노인과 그 가족의 불안을 어떻게 완화시킬 수 있는지를 심리학적으로 연구하기 시작한 것도, 고령자 연구에 몸담고 있는 저에게는 매우 자연스러운 일이었습니다.

그런 저도 2021년에 65세의 고령자가 되었습니다. 60세 환갑을 맞이하기 직전에 대장암을 발견하여, 6시간 반에 이르는 최첨단 로봇 수술을 받았습니다. 다행히 그 후 5년간의 경과 관찰도 종료되어, 당분간은 큰 걱정 없이 살아갈 수 있을 것 같습니다. 그러나 수술 후유증은 매우 고통스러운 것이었고, 8킬로그램이나 줄어든 체중도 절반 정도밖에 돌아오지 않았기에 허약 상태를 탈피하기 위해 분투하는 나날이 계속되고 있습니다. 그러는 사이에 제 어머니와 동생, 그리고 친구 몇몇이 죽음을 맞이해 노화와 병에 시달리는 친밀한 사람들을 보아야 했습니다. 한편으로는 손자가 태어나 지금이 가장 행복하다며 기쁜 얼굴을 보여 주는 친구도 있습니다.

노화를 경험하며 살게 되면 행복도 괴로움도 젊은 시절과는 다른 모습으로 나타난다는 것을, 다시 노화의 초심자가 된 저 또한 이미 실감하기 시작했습니다. 고령자들은 저마다 행복과 고통을 느끼면서 한정된 미래를 향해 살아가고 있는 우리의 이웃입니다.

이 책에서는 매우 평범하게 살아가는 우리의 이웃인 노인을 친밀감을 담아 '고령자 씨'라고 부르며, 그 배후에 있는 심리를 읽도록 여러분께 힌트를 주고 싶었습니다. 책에 담긴 112개의 키워드가 부모나 조부모뿐 아니라, 주위에 사는 고령자 씨들과의 소통에 도움이 된다면 행복할 것 같습니다.

3부 | 도무지 이해가 안 되는 고령자 씨의 말과 행동들

1부

고령자 씨,
과연 그들은
누구인가

1. '노인'이 아니라 '고령자 씨'입니다만

나이가 든다고 저절로 노인이 되는 게 아니다

지금의 고령자는 예전의 노인보다 꽤 젊다고들 하고 실제로도 그렇습니다. 사람은 고령이 되어도 계속 발전할 수 있다는 것도 최근의 연구로 알게 되었습니다. 즉, 성장과 노화는 표리일체의 현상이라는 것이지요. 그렇다면 나이를 먹은 사람을 단순히 '노인'이라는 한마디로 뭉뚱그리는 것은 이제 그만두어야 할지도 모릅니다.

확실히 0세 아이가 아기인 것과 마찬가지로, 일정 연령에 달한 성인을 노인이라고 부르는 것은 일반적인 일입니다. 그러나 노인이 어느 시대나 모두 같은 것은 아닙니다. 개인차도 당연히 있습니다. 그러한 의미에서 우리들은 '나이가 들면 저절로 노인이 되어 가는 존재'이기만 한 것은 아닙니다. 실제로 옛날이라면 확실히 노인이라고 불렸음직한 상당수의 고령자들 대부분이 육체적으로나 인지적으로나 아직 건강합니다. 사회와 적극적으로 관계를 맺으면서 자신의 목적을 향해 나아가고 있어 도저히 노인이라고 부를 수 없는 사람이 많습니다.

그리고 많은 사람이 건강하게 오래 살게 되면서 지금껏 몰랐던 것도 알게 되었습니다. 그것은 바로, 고령자가 그저 쇠약하기만 한 존재가 아니라는 것입니다. 분명히 육체적으로는 여러 부분이 조금씩 쇠약해져 갑니다. 그렇지만 지혜와 창조성 등은 결코 젊은이들의 전매특허가 아니며, 다소 노쇠해지기는 해도 분야에 따라서는 고령기에 이르러야 더욱 발휘되는 능력이 있다는 연구 결과도 있습니다. 몸이 쇠약해져도 지혜나 창조성으로 그것을 보완해 주면 사람은 몇 살이 되어도 성장할 수 있다는 것입니다. 즉, 노화와 성장은 표리일체, 혹은 동시에 일어나는 것이라고 할 수 있습니다.

독일의 심리학자 파울 발테스Paul Baltes는 이 두 가지 사실을 합쳐서 '발달'이라는 개념으로 파악할 것을 제창했습니다. 지금은 '사람은 평생 동안 발달한다'라는 생각이 주류가 되어 가고 있습니다.

그렇다면 노인이란 무엇일까요? 사람은 사는 동안 계속해서 발달하기 때문에 젊은이와 노인의 경계라는 것이 실은 매우 애매하지 않나요? 그들은 자신을 노인이라고 생각하지 않습니다. 그리고 그것은 20년 전에 비하면 명백한 사실입니다. 한편으로 우리는 오랜 세월 동안 한결같이 그들을 단순히 늙은 사람으로 파악하여 상상 속의 노인으로 취급하려고 합니다. 이 '고령자를 바라보는 관점'의 차이가 초고령 사회에 있어서 여러 사회 문제를 일으키고 있는 것은 아닐까요?

그래서 이 책에서는 종래의 관점과의 차이를 명확히 하기 위해 노인이라는 말 대신 다른 호칭을 제안합니다. 그것이 바로 '고령자 씨'입니다. 단순히 나이를 먹어 쇠약해져 가는 사람이 아니라, 자신의 풍부한 경험에 근거하여 우리들의 상상을 뛰어넘은 말과 행동으로 인생의 의미를 생각해 볼 수 있도록 도와주는 사람, 그런 뉘앙스를 담은 말입니다.

이런 고령자 씨를 보다 깊게 이해하고 서로가 기분 좋게 공존해 나가기 위한 착지점을 찾아보자는 것이 이 책의 목표입니다.

몇 살부터 고령자 씨라고 불러야 할까?

오늘날 60대는 너무 젊고 75세 이상은 되어야 한다

사람은 전 생애에 걸쳐 발달하지만 육체적으로는 나이를 먹습니다. 고령자 돌봄의 현실이 큰 사회 문제가 되고 있는 것도 사실입니다. 그러면 사람은 언제부터 고령자 씨가 되는 것일까요? 20년 전과 비교하면 지금의 고령자 씨는 10살 정도가 젊다는 것이 전문가의 의견입니다. 그렇지만 이런 관점도 앞으로 다시 바뀔지 모릅니다.

의료의 발전 등에 힘입어 일찍 죽는 사람이 줄어들고 안티에이징anti-aging 연구도 활발한 요즘, 우리들의 신체 나이는 이전보다 훨씬 젊어져 있습니다. 여기에서 문제가 되는 것은 '몇 살부터 고령자 씨인가?' 하는 것입니다. 예전부터 나이를 기준으로 만 65세 이상을 고령자라고 정의했으나, 현재 고령자의 신체 조건과 활동 능력을 과학적으로 검증해 보면 10~20년 전과 비교해 10살은 젊어져 있을 것입니다.

인프라가 구축되어 위생부터 시작해 생활 환경 전반이 현저히 향상되었습니다. 영양이나 생활 습관에서도 많은 개선이 이루어졌고, 의학·약학 분야에서도 여러 가지 연구·개발이 진행되어 뇌혈관 장애를 비롯하여 생활 습관병의 중증화율이 낮아졌습니다. 나이가 들어도 오랫동안 건강을 유지할 수 있는 세상이 된 것이 바로 그 주된 이유입니다.

이러한 상황을 고려하여, 노년학 관련 7개 학회로 구성된 일본 노년학회와 일본 노년의학회는 고령자의 정의를 아래와 같이 재검토하자고 제안했습니다.

- 65~74세: 준고령자
- 75~89세: 고령자
- 90세 이상: 초고령자

10~20년 전에 고령자로 여겨졌던 65~74세 사람들도 지금은 준고령자입니다. 이 나이대에는 아직 현역으로 일하는 사람이 많으므로 75세 이상의 고령자와 동일시하는 것은 부자연스럽습니다. 이러한 상황은 고령자와 초고령자도 마찬가지입니다. 90세 이상에서는 육체적·인지적 면에서 자립할 수 없는 사람들의 비중이 증가합니다. 그들을 자립 생활을 영위할 수 있는 고령자와 한데 묶어 버리면 여러 지장을 초래할 것입니다.

그러나 이 정의도 계속 바뀌지 않고 유효한 것은 아닙니다. 무엇보다 지금까지의 인류는 현재 일본과 같은 고령 사회를 한 번도 경험한 적이 없습니다.

예를 들어 일본의 100세 이상 고령자 인구는 조사를 시작한 1963년에 153명이었으나, 1998년에 1만 명을 돌파하고 2020년에는 8만 명을 넘었습니다. 100세 이상의 인구가 수백 명에서 수만 명이 되면 문제의식도 달라지고, 지금보다 더 늘어나면 또 다른 문제에 대해 생각해야만 할 것입니다.

성인이 된 자식과 그 부모의 동거에 대해서도, 과거에는 '집안의 존속을 생각해서'라는 관점이 대부분이었으나 지금은 돌봄의 문제로 파악하는 것도 그러한 변화와 무관하지 않습니다. 사회에 고령자 씨의 비율이 늘어남에 따라 앞으로도 다양하고 새로운 문제 제기와 발견이 이루어질 것입니다.

고령자로 간주되는 연령을 높이자는 의견에 대해서 연금 지급 시기를 늦추기 위한 방책이라고 반발하는 움직임도 있습니다. 이 사례에서도 알 수 있듯이 고령자의 정의는 생물학적인 것만이 판단 근거가 되는 게 아니라, 사회 제도에 의해서도 좌우되는 것입니다.

3. 고령자 씨의 몸과 마음이 변화무쌍한 이유

'어제의 나'와 '오늘의 나'의 상태 차이에 민감하다

고령자 씨의 몸과 마음은 매일매일 흔들리며 움직이고 있습니다. 감정 조절이 잘되는 날도 있고 어려운 날도 있습니다. 여러분 주변에 문제를 일으키는 고령자 씨가 있다면, 차분하게 심호흡을 한 뒤 거기에 어떤 이유가 있는지 한번 생각해 봅시다.

고령자 씨의 정의가 애매한 것은 나이 구분이 변동적인 데다 개인차도 있기 때문입니다. 나이는 반드시 달력으로만 계산되는 것이 아닙니다. 역연령曆年齡(옮긴이 주: 출생을 기점으로 하는 달력상 나이를 의미한다. 햇수로 따지는 연령과 만으로 따지는 연령으로 나눌 수 있다.)이 75세라고 해도 신체 나이는 60세인 사람이 있는가 하면, 80세인 사람도 있습니다. 그렇다면 고령자 씨와 우리들을 나누는 결정적인 기준은 무엇일까요?

먼저 고령이 될수록 사람은 몸과 마음의 영향을 밀접하게 받게 됩니다. 젊은 시절과 비교했을 때 컨디션 변화의 폭이 큰 것이 고령자 씨의 특징입니다. 어제 가능했던 일이 오늘 불가능해지면 '아, 나이를 먹었구나…' 하고 금방 풀이 죽습니다. 물론 컨디션의 변화가 계속 좋지 않은 쪽으로만 흔들리는 것은 아닙니다. '오늘은 어제보다 컨디션이 좋다'라고 느끼면 또 기뻐합니다. 이처럼 고령자 씨는 그날의 컨디션과 정신 상태에 따라 '어제의 자신과 오늘의 자신이 다르다'는 것에 매우 민감합니다. 그러나 민감한 만큼 매일매일의 변화에 휘둘리는 것도 어쩔 수 없는 것입니다. 그렇게 되지 않으려면 특히 자신에게 좋지 않은 사태가 발생했을 때 부정적인 감정이 일어나지 않도록 자기 감정을 컨트롤할 필요가 있습니다.

감정을 컨트롤하는 것을 정동 조정情動調整이라고 하는데, 일반적으로는 젊은 사람들보다 고령자 씨들이 잘 사용하는 것으로 밝혀져 있습니다. 정동 조정 능력 덕에 자신의 노화를 긍정적으로 파악하고 안정된 노후를 맞이할 수 있는 것입니다.

하지만 이는 감정 컨트롤이 잘되었을 경우의 이야기입니다. 실제로는 매일의 컨디션이나 정신 상태의 변화에 일희일비하는 것이 보통이고, 각각의 인생 경험에 따라 자신의 노화를 바라보는 관점이 저마다 다를 수밖에 없습니다. 주관적 연령主觀的 年齡이라는 개념이 있는데 이는 일반적으로 고령자 씨가 스스로를 실제 나이보다 젊다고 생각하는 경향을 말합니다. 간단히 말해 타인이 생각하는 것보다 자신은 젊다고 믿고 싶어하는 경향으로 이 자체가 나쁜 것은 아닙니다. 그러나 스스로를 젊다고 생각하는 사람일수록 현실과의 차이에 괴로워하고 감정 제어 기능이 저하되는 경우가 있습니다.

만약 여러분 주변의 고령자 씨가 극단적으로 쉽게 화를 내는 등의 문제 행동을 일으키고 있다면 거기에는 우리의 예상을 넘어서는 어떤 이유가 있습니다.

고령자 씨가 현재 어떤 개인적 고민을 가지고 있는지, 인간관계에서 무슨 문제를 안고 있는지, 그리고 그렇게 될 때까지 어떠한 인생을 걸어왔는지…. 항상 이러한 관점을 염두에 두고 고령자 씨를 대하는 것이 좋습니다. 또한 고령자 씨가 되면 정년퇴직으로 사회적 역할을 잃거나 가까운 사람의 죽음을 겪게 되는 등 부정적인 생애 이벤트가 늘어나기 마련입니다. 그러한 일들도 고령자 씨의 행동을 규정하는 큰 요인 중 하나라고 할 수 있습니다.

노화는 질병, 이제는 치료할 수 있다?

의학으로 신체 기능의 손상과 저하를 예방할 수 있다

노화는 자연 현상이니 멈출 수가 없다, 이는 이제 과거의 이야기입니다. 지금은 완전히 멈출 수는 없다 해도 어느 정도 늦추는 것이 가능할뿐더러 치료할 수 있는 부분이 존재한다고 파악하고 있습니다. 다만 본인과 그 주위가 이를 이해하고 적절한 지식을 갖춰야 합니다.

'노화는 자연 현상이므로 의료의 대상이 아니다.' 오랫동안 그렇게 생각해 온 사고방식이 이제 확실하게 변화하고 있습니다. 노화는 치료 가능한 것으로 인식이 바뀌고 있는 것입니다.

프레일^{frail}이라는 말을 아십니까? 일반적으로 고령자는 신체 기능과 건강 상태가 급격히 쇠퇴할 위험이 젊은이보다 높습니다. 그 위험이 구체적인 형태로 나타나는 증상 전반을 가리켜 프레일이라고 합니다. 나이가 들어 체온 조절 기능이 잘 작동하지 않아서 급격한 온도 변화에 혈압이 오르락내리락

하거나 맥박이 요동치는 등의 현상, 소위 '히트 쇼크^{heat shock}'를 고령자가 일으키기 쉬운 것도 바로 프레일 때문입니다. 노화로 인해 평균 이상의 인지 능력 저하(기억력, 판단력 쇠퇴)가 나타나는 것도 프레일로 볼 수 있습니다.

치매(인지 저하증)와 인지 능력 저하의 차이는, 전자는 치료가 불가능하고 대증 요법 이외에는 방법이 없는 반면에 후자는 치매의 전 단계인 경우도 있지만 치료가 가능하다는 점입니다. 그러한 관점에서 '노화로 인해 발생하는 여러 증상은 완화는 가능할지 몰라도 고치는 것은 불가능한 것'이라는 사고 방식이 현재는 '노화는 의학으로 치료하고 관리해 나가는 것'으로 변화하게 되었습니다. 즉, 노화도 의학의 대상이 된 것입니다. 이미 전국에 치매 예방 센터 혹은 그와 비슷한 전문과를 두는 의료 시설이 꽤 많으며 장래에는 치매 예방약의 처방도 시행될 것입니다.

프레일은 신체적, 인지적인 것뿐이 아닙니다. 사회와의 교류와 사회 활동 참가 기회가 현저히 적어지는 사회적 프레일이라고 불리는 상태도 고령자에게서 많이 볼 수 있습니다. 사회적 프레일 상태 고령자의 특징은 신체 기능의 손상과 저하가 원인이 되어 활동 범위가 좁아지고, 협소한 인간관계나 호기심의 감퇴 등으로 외출 기회가 감소하는 것 등입니다. 이러한 상태가 지속되면 신체적 프레일과 인지적 프레일의 위험이 더욱 높아지는 부정적인 악순환이 생겨나게 됩니다.

반대의 관점에서 보면, 사회적인 것을 포함한 전반적인 프레일 예방이 노화를 미루는 것으로 연결된다고 볼 수 있습니다. 앞으로는 프레일 예방이 하나의 커다란 사회 목표가 될 것입니다. 실제로 이미 그러한 예방 노하우가 많이 확립되어 가고 있습니다.

신체적 프레일 예방에 효과적인 것은 무엇보다 운동입니다. 특히 심폐 기능을 높이고 체력, 지구력 향상을 촉진하는 유산소 운동은 필수적이라고 할 수 있습니다. 추천하는 것은 걷기 운동과 수영, 수중 보행 등입니다.

인지적 프레일과 사회적 프레일의 예방에는 웰빙well-being(심신 모두 양호하고 행복한 상태에 있는 것)을 추구할 수 있는 사회 참여와 소통이 필요합니다. 자주 외출할 일을 만들거나, 취미와 봉사 활동을 통해 긍정적인 인간관계를 만드는 것은 사회적 프레일, 신체적 프레일, 인지적 프레일을 동시에 예방하는 방책이 됩니다.

5. 다정한 한마디로 새로운 관계가 시작된다

고령자 씨를 더 알고 싶다면 당신의 부모님과 대화를 시작하자

고령자 씨는 항상 언짢아 보이고 화만 내고 있다? 아닙니다. 이쪽의 불편한 감정이 전염되어 있는 것뿐일지도 모릅니다. 무표정한 것은 사실 표정을 짓는 게 어려운 것일 뿐, 그러니 웃으면서 말을 걸어 봅시다. 분명히 멋진 미소로 대답해 줄 것입니다.

최근 부모님과 그다지 대화를 나눈 적이 없다고 하는 분도 많을 것입니다. 특히 코로나19 팬데믹 이후 고향에 가지 못했거나, 시설이나 병원에서 면회가 불가능한 경우가 많아지면서 젊은 세대와 고령자 씨 간에 절대적으로 소통이 부족해지고 있습니다. 당연히 그렇게 되면 오해도 생겨나기 쉬워집니다.

누구나 자신을 생각해 주는 사람에게 애정을 갖게 됩니다. 마음을 써 주고 있다고 생각하면, 그 마음에 보답하고 싶어집니다. 우리는 소통 없이는 사람답게 살 수 없습니다. 대화를 하면 할수록 거기에서 상대방을 배려하는 마음이 싹트게 되는 것입니다. 종종 불편한 표정을 하고 있다는 이유로 가까이 가기가 꺼려지는 고령자 씨가 있습니다만, 정말로 그가 불편해하며 화를 내고 있는 걸까요? 고령자 씨는 젊은 사람보다 표정을 짓는 것이 어렵습니다. 만약 고령자 씨가 기분이 좋아 보이지 않는다면, 그를 상대하고 있는 여러분이 불편해하며 기분이 좋지 않아 보이기 때문인지도 모릅니다.

정동 전염情動傳染이라는 말이 있습니다. 눈앞에 있는 사람이 웃고 있으면 자신도 웃게 되고, 불쾌한 표정이면 똑같이 불쾌한 표정이 되는 것, 이것이 바로 정동 전염입니다. 거울 뉴런 Mirror neuron이라는 뇌 내 신경 세포가 관장하는 기능으로, 상대를 흉내 냄으로써 타자의 기분을 깊이 이해하는 시스템이라고 여겨지고 있습니다. 고령자 씨는 젊은 사람에 비해 몸의 위험에 민감한 만큼 정동 전염을 일으키기 쉽습니다. 또한 정동 전염으로 전달되는 것은 부정적인 감정뿐이 아닙니다. 여러분이 웃는 얼굴로 말을 건다면 상대도 웃는 얼굴로 맞아 줄 것입니다. 여러 제약이 있을지도 모르지만 가능한 한 직접 만나서, 확실하게 표정을 지어 주면서 고령자 씨와 소통해 보세요. 그러면 고령자 씨로부터 더 많은, 그리고 더 풍부한 메시지가 돌아올 것입니다.

2부

고령자 씨와
더 가까워지기 위해
꼭 알아야 할 것들

1장 사람은 언제, 어떻게 노인이 되는가

고령자 씨는 자신을 노인이라고 생각하지 않는다

나이가 드는 건 육체적, 정신적으로 어떻게 변화하는 것일까요? 주변의 시선과 본인이 느끼는 것은 서로 다를까요? 더욱 좋은 방식으로 나이 들기 위한 방법을 탐색합니다.

해마다 일본인의 평균 수명은 계속 늘어나는 경향이 있습니다. 일본 후생노동성 '2020년 간이 생명표'에 의하면 2020년의 평균 수명은 여성이 87.74세, 남성이 81.64세입니다. 이로써 일본은 여성은 세계 1위, 남성은 세계 2위인 장수 국가가 되었습니다. 과거에는 인생 50년이라는 말도 있었지만, 지금의 일본에서는 몇 살부터 '노인'이라고 생각하면 좋을까요?

현재 일본의 의료 보험 제도에서는 65~74세를 전기 고령자, 75세 이상을 후기 고령자로 부르고 있습니다. 제도상으로

65세 이상인 사람은 고령자로 인식되는 상황이지만, 60대인 사람 중에서 자신을 노인이라고 생각하는 사람은 적은 것 같습니다. 지금으로부터 수십 년 전의 60대, 70대 사람들은 현재보다 더 나이가 든 인상을 가지고 있습니다. 비교를 위해 여러분의 조부모님을 떠올려 보면 좋을 것 같습니다. 외모도 내면도 지금의 동년배보다 좀 더 나이가 들어 보이지 않나요?

지금의 고령자 씨가 젊어 보이는 이유 중 하나는, 식생활과 위생 상태의 향상을 들 수 있습니다. 세상이 풍요로워지고, 영양도 충분히 섭취할 수 있게 되었습니다. 상하수도가 정비되고 예방 접종도 보급되어 감염병이 감소했습니다. 건강에 대한 의식이 높아지고, 정기적으로 운동을 하거나, 술이나 담배를 꺼리는 습관도 널리 퍼지고 있습니다.

일본인이 장수하게 되었다고는 해도, 젊은 시기가 오래 지속된 것이라고 할 수는 없으며 나이가 든 후 노화 속도가 느려진 것이라고 볼 수 있습니다. 사람이 성장하거나 노화하는 속도는 원래 일정하지 않으며, 태어나서 10대 정도까지는 심신 모두 급성장을 하고 그 성장한 상태가 장기간 지속된 후에 노화가 진행되기 시작합니다. 이전에는 50세 정도부터 조금씩 심신이 쇠약해져 갔습니다. 지금은 80세 정도까지는 건강한 상태가 계속되다가 그 이후에 쇠약해지기 시작하는 사람도 많습니다.

본인의 주관적 연령은 실제 연령보다 젊다

최근에는 나이가 들어도 스포츠 등의 분야에서 활약하는 사람이 늘고 있습니다. 외모도 젊고 활동적이며 새로운 것에도 계속 도전합니다.

예를 들어 스키 선수이자 등산가인 미우라 유이치로 씨는 80세였던 2013년에 세 번째 에베레스트 등정에 성공했습니다. 그 후 큰 병을 이겨 내고, 2021년 도쿄 올림픽에서는 88세의 나이로 후지산 5합목(해발 2305미터)에서 성화 주자도 맡았습니다.

이처럼 최근 고령자 씨의 활약은 매우 눈부시지만 한편으로는 신체 능력이 쇠퇴하고 있음에도 불구하고 무리하게 운동해 몸을 다치는 경우도 많습니다. 자기 이미지 속의 자신과 실제의 신체 능력 간에 차이가 발생한 것을 깨닫지 못한 것입니다.

주변 사람들은 '이제 젊은 것도 아닌데 너무 무리하는 거 아닌가'라고 느끼지만 본인은 그렇게 생각하지 않습니다. 여기에는 '주관적 연령'이 관련되어 있습니다.

실제 연령을 '역연령'이라 하고, 그것과 별개로 자기 스스로 느끼는 연령을 '주관적 연령'이라고 합니다. 자신의 주관적 연령이 몇 살인지 조사해 본 결과, 60~70대 사람들의 주관적 연령은 역연령에 비해 6~7세 젊다는 결과가 나왔습니다.[*] 40대에서는 4~5세의 차이가, 50~60대에서는 6세의 차이가 있었으므로, 연령이 높아짐에 따라 주관적 연령과의 차이가 커지고 있다는 걸 알 수 있습니다. 그리고 많은 사람이 자신을 역연령이 아니라 주관적 연령으로 파악한다는 것이 밝혀졌습니다. 주관적 연령에 따라 행동을 취하고자 하는 것입니다.

패션을 예로 들면, 노인용으로 판매되는 옷은 별로 팔리지 않는다고 합니다. 고령자 씨가 자신은 더 젊기 때문에 그런 옷이 어울리지 않는다고 생각하기 때문인 듯합니다. 패션은 타인에게 이러한 스타일로 보여지고 싶다는 희망을 표현하는 것입니다. '나이를 먹었으니 멋내기는 포기하고 실제 나이에 맞는 옷을 입어야지'라고 생각하는 것이 아니라, 주관적 연령에 맞는 옷을 골라서 외면도 주관적 연령에 가깝게 맞추어 나가려는 사람이 많아지고 있습니다.

외모에 신경을 쓰는 것도 주관적 연령을 생각하고 있다는 방증입니다. 흰머리가 눈에 띄게 늘어나기 시작하면 더 젊어 보이도록 염색을 하는 사람이 많습니다. 예전에는 흰머리를 염색하는 게 자신의 노화를 인정하는 것이라는 사고방식이

● 　사토 신이치, 시모나카 준코, 나카자토 카츠하루, 카와이 치에코, 1997, '연령 정체성의 코호트차, 성별차 및 그 규정 요인-생애 발달의 관점에서' 발달심리학연구, 8(2), 88-97.

있어서 저항이 있기도 했지만, 지금은 남녀 불문하고 머리를 염색하는 것이 일반적입니다. 흰머리를 염색하는 것도 멋내기의 일환으로 받아들여지게 된 것입니다. 또한 피부의 기미나 주름 제거 등 안티에이징이 유행하는 것도 사람들이 주관적 연령을 의식하고 있기 때문입니다.

주관적 연령이 젊어서 긍정적으로 살 수 있다

예전에는 노인이 되면 역연령에 어울리도록 점잖게 행동하는 것이 좋다는 가치관이 있었습니다. 지금은 나이를 이유로 고령자 씨가 자신의 행동에 대해 의문을 가지는 경우는 많이 줄어들었으며, 오히려 역연령보다 젊게 사는 것이 더 좋지 않은가 하는 가치관으로 변해 가고 있습니다. 노화는 부정적으로 인식되고 피해야 하는 것으로 생각하게 된 것입니다.

주관적 연령이 젊다는 것은 고령자 씨가 긍정적으로 살기 위해 필요한 심리이지 않을까요? 주관적 연령이 젊기 때문에 10년 후에도 아직 충분히 젊지 않을까 생각하여 장래에 대한 전망과 희망을 가질 수 있는 것입니다. 확실히 나이가 들면 몸의 기능이 쇠퇴합니다. 그러나 '몸은 생각대로 움직이지 않아도 머리는 아직 건강해', '자식이나 손자를 위해 충분히 도움이 될 수 있어'라고 긍정적으로 생각할 수 있습니다.

고령자 씨는 나이가 들면서 자신의 욕구를 충족하기 위해 주위의 상황을 바꾸는 것이 아니라, 주위 상황에 맞추어 자신의 의식을 변화시키는 것으로 긍정적인 감정을 유지하고자 합니다. 그러므로 자기 안에 있는 행복감이 줄어들지는 않습니다.

또한 노화는 부정적인 측면이 부각되기 쉽지만 긍정적인 면도 있다는 것을 잊어서는 안 됩니다. 고령자 씨에게는 젊은 이에게 없는 능력이 있다는 것을 많은 사람이 인정하고 있습니다. 그것은 나이가 들면서 인간적으로 풍부해지고 배려와 포용력, 깊은 통찰력 등이 생겨나기 때문입니다. 나이를 먹으면서 몸의 기능이 쇠약해져 생활권이 한정되지만, 고독감과 고통을 느끼는 것이 아니라 자기 마음속 세계에 깊이를 더해가는 것이 가능해지는 것입니다. 정신적으로 풍요롭고 행복하게 살아가는 고령자 씨는 젊은 세대에게 희망을 주는 존재라 할 수 있습니다.

'나이 듦'에 관한 키워드

생애 발달

> 발달을 성장이라는 측면에서만 파악하는 것이 아니라 노화도 포함하여 생각하는 것.

심리학에서는 이전에 '발달'과 '노화'가 정반대의 개념이라고 파악했다. 사람이 발달하는 것은 성장기에 해당하는 영유아기, 아동기, 청소년기이며 이것이 끝나는 어느 시점부터 노화가 시작된다는 생각이 주류였기 때문이다. 그러나 현재에 이르러서 발달은 성장이라는 측면뿐 아니라, 노화라는 측면도 포함하는 다양한 변화라고 받아들여지기 시작했다. 즉, 사람은 살아 있는 동안 계속해서 발달한다는 사고방식이다.

최근에는 쇠퇴를 의미하는 말이 '노화'로 바뀌었으며, 일본에서는 중립적인 의미를 가진 말로 '가령加齡(나이 듦)'이라는 표현이 쓰이고 있다. '가령'이라는 표현은 나이를 먹어도 긍정적인 면이 있다는 것을 나타낸다.

→ 태어나서부터 죽을 때까지가 성장이며 노화라고 할 수 있다. 사람은 지속적으로 발달한다는 것을 잊지 않기를 바란다.

연령 차별주의

고령자 씨는 능력이 떨어지므로 도움이 되지 않는 존재라고 부정적으로 보아 차별하는 것.

연령 차별주의^{ageism}(에이지즘)란 나이를 이유로 차별하는 사상이나 태도를 가리키는데, 나이가 많다는 것만으로 그 사람에 대해 편견이나 부정적인 고정관념을 가지는 것을 뜻한다. 고령자 씨는 주변 사람들로부터 '이제 나이도 드셨으니까 무리하지 마세요'라는 말을 듣는 경우가 종종 있을 것이다. 그런 말을 들으면 고령자 씨 스스로도 '나는 이제 힘이 빠졌다', '집에서 조용히 지내야지'라고 생각하게 되어 노화를 촉진하는 원인이 되기도 한다.

연령 차별주의를 없애기 위해서는 고령자 씨에 대한 올바른 지식을 주변 사람들과 공유할 필요가 있다. 고령자 씨에 관한 지식을 얼마나 가지고 있는지, 다음 페이지에 나오는 '고령자에 대한 지식 퀴즈'로 확인해 보자.

→ 고령자라고 하면 이전에는 '남들의 돌봄을 받는' 존재라고 여겨졌으나 실제로는 사회를 지탱하고 있는 중요한 구성원이다.

고령자에 대한 지식 퀴즈
다음 중 옳은 것은 무엇일까?

1. 고령자(65세 이상)의 대다수는 정신적으로 뒤떨어져 있다.(기억력이 감퇴하고 주위 사람이나 일어나는 일, 그리고 시간 등에 대해 제대로 된 판단이 불가능하며 치매 기미를 보이기 시작한다.)

2. 고령이 되면 오감(시각, 청각, 미각, 촉각, 후각)이 모두 감퇴하기 쉽다.

3. 대다수의 고령자는 성행위에 관심이 없거나 성적 불능 상태다.

4. 고령이 되면서 폐활량이 저하되는 경향이 있다.

5. 고령자의 대다수는 거의 항상 비참하다고 느낀다.

6. 고령이 되면 체력이 저하되기 쉽다.

7. 고령자 10명 중 1명 이상이 정신과 병원, 노인 홈 등 장기 요양 시설에서 생활하고 있다.

8. 고령 운전자가 사고를 일으킬 확률은 65세 미만 운전자보다 낮다.

9. 중년 및 고령 노동자는 일반적으로 젊은 노동자보다 일의 능률이 떨어진다.

10. 고령자 4명 중 3명 이상은 다른 사람의 손을 빌리지 않고도 일상의 활동을 수행할 수 있을 정도로 건강하다.

11. 고령자의 대다수는 변화에 대응하지 못한다.

12. 고령자는 일반적으로 새로운 것을 배울 때 젊은 사람보다 시간이 걸린다.

13. 고령자는 젊은 사람보다 우울한 상태가 되기 쉽다.

14. 고령자는 젊은 사람보다 반응이 느리다.

15. 대체로 고령자는 모두 비슷비슷하다.

16. 고령자의 대다수는 거의 지루해하는 경우가 없다.

17. 고령자의 대다수는 사회적으로 고립되어 있다.

18. 중년 및 고령 노동자는 젊은 노동자보다 사고를 당하는 비율이 낮다.

19. 현재 인구의 20% 이상이 65세 이상이다.

20. 의료 종사자의 대부분은 고령자를 뒤로 미루는 경향이 있다.

21. 대다수 고령자의 소득은 빈곤선(정부의 규정에 의거한) 이하다.

22. 고령자 대부분은 무언가 일을 하고 있거나, 하고 싶다고 생각한다.(집안일 및 봉사 활동 포함)

23. 고령자는 나이가 들수록 신앙심이 깊어진다.

24. 대다수의 고령자는 스스로에게 짜증을 내거나 화를 내는 경우가 거의 없다.

25. 고령자의 건강 상태와 경제적 지위는 2010년에는 (젊은 사람들과 비교하여) 거의 같거나 악화되고 있을 것이다.

→ 홀수 항목은 모두 틀렸고, 짝수 항목은 모두 옳은 진술이다. 단 문제 항목들은 작성 시점 기준 미국의 데이터에 기초하고 있기 때문에, 19번 항목의 경우 일본에서는 옳은 진술이다.

(출처: Palmore, 1998/2002를 변형 인용)

주관적 연령

달력 위의 연령이 아니라 스스로의 주관에 근거한 연령을 말한다.

연령이란 통상적으로 태어난 날부터 세월을 달력 위에서 세어 나가는 '역연령歷年齡'을 가리킨다. 이와는 별개로 자신이 몇 살이라고 실감하는 나이가 바로 '주관적 연령'이다. 어릴 때는 '나는 역연령보다 더 어른스럽다'고 여기면서 역연령보다 주관적 연령 쪽을 더 높게 느낀다. 20대 전반에는 이것이 역전되어 '나는 역연령보다 젊다'고 바뀌게 된다. 20대 후반 이후에는 나이가 들수록 역연령과 주관적 연령의 차이가 더 벌어지는 경향이 있다.

역연령과 주관적 연령 외에도 건강 상태와 체력 등을 나타낼 때 사용하는 '기능 연령'이라는 것이 있다. 예를 들어 역연령 40세의 사람이 건강 진단과 체력 측정을 받고 '당신의 혈관 나이는 20대입니다', '체력이 50세 수준으로 떨어져 있습니다' 등의 코멘트를 들을 때가 있다. 이것을 기능 연령이라고 한다. 사람에 따라 건강 상태와 운동을 하고 있는지 여부가 다르기 때문에 역연령이 같다고 해도 기능 연령은 개인마다 차이가 크다.

또한 일반 사회에서는 주위 사람들이 역연령에 근거한 행동과 판단을 기대하는 경우가 많다. '어린이는 어린이답게',

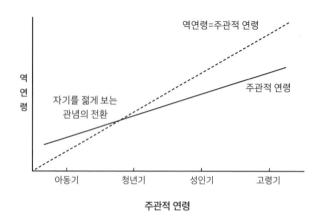

'노인은 노인답게' 등의 표현과 같이 역연령에 근거한 행동과
판단의 기준을 '연령 규범'이라고 한다.

→ 고령자 씨가 자신의 주관적 연령에 근거하여 스포츠에 열중하거나
화려한 옷을 입는 것은 '나는 아직 젊다'는 메시지를 전하는 것이다.
그 주관적 연령을 기준으로 고령자를 대하도록 하자.

안티에이징

나이가 듦에 따른 노화를 억제하고 젊은 상태로 장수하는 것. 번역하
면 항가령抗加齡, 항노화抗老化라고 한다.

'언제까지나 젊은 상태를 유지하고 싶다', '건강하게 장수하고

싶다'는 바람은 누구에게나 있다. 최근에는 많은 사람이 노화를 부정적으로 여겨서 나이에 걸맞은 말이나 행동을 하기 보다는 실제 나이보다 젊어 보이는 것을 바라게 되었다. 고령자 씨가 흰머리를 염색하고 젊어 보이는 옷을 입는 것은 이러한 추세의 방증이라고 할 수 있다. 안티에이징용 화장품과 건강 보조제나 영양제를 이용하는 사람도 많다. 의료 분야에서도 호르몬 보충 요법과 주름, 기미를 개선하는 시술 등이 행해지고 있다. 그러나 나이를 먹는 것은 부정적인 측면만 있는 것이 아니다. 인생 경험을 쌓아서 지혜와 통찰력을 얻을 수 있다는 긍정적인 측면 또한 존재한다.

→ 고령자 씨가 안티에이징을 시도하거나 노화를 완만하게 하고 싶어 하는 마음을 이해하자. 나이를 먹으면서 얻어지는 내면적인 깊이에서도 배움을 얻자.

생산적 노화

> 고령자가 사회에 도움이 되는 재화와 서비스를 생산하기 위한 활동을 하는 것.

생산적 노화productive aging(프로덕티브 에이징)의 '프로덕티브'는 '생산'을 의미하지만 유급 노동만이 아니라 봉사 활동과 집안일,

돌봄, 어린이 돌보기 등의 무급 노동도 포함하여 사회에 도움이 되는 재화와 서비스를 제공하는 것을 나타낸다. 고령자 씨의 경험과 지식, 능력 등을 사회에 활용하고자 하는 사고방식이다. 생산적 활동은 고령자 씨의 심신 건강에도 좋은 영향을 미친다. 왜냐하면 활동을 통해서 스스로가 무언가를 제공하는 입장이 됨으로써 자신에게 가치가 있다고 여겨 자존감이 높아지기 때문이다. 새로운 인간관계가 형성되고, 새로운 역할을 담당하는 것은 고령자 씨 삶의 보람이 되고 행복감과도 연결된다.

→ 퇴직 후에도 건강한 고령자 씨는 많다. 그 능력을 활용한다면 더욱 좋은 지역과 가정을 만들 수 있다.

성공적 노화

심신이 모두 건강할 뿐 아니라 자립이 가능하고 사회 공헌도 할 수 있는 노년기가 이상적이라는 사고방식.

'성공적 노화'successful aging(석세스풀 에이징)는 미국에서 시작된 개념으로 건강하고 병에 걸리지 않는 것, 신체 기능과 인지력을 유지하면서 독립적인 생활을 하는 것, 사회 참여를 하는 것이 노년기의 행복으로 인식된다.

다만 이러한 사고방식은 자립하는 것만을 좋은 상태로 보게 되어, 자립할 수 없게 되면(예를 들어 간병을 받게 되면) 삶의 의욕을 잃게 될 수 있다. 하지만 연약한 사람을 버리지 않고 돌보는 것은 인간이 가지는 자랑스러운 점이기도 하다. 나이가 들어 몸과 마음이 쇠약해지면 다른 사람의 보살핌을 받아도 괜찮다는 생각도 충분히 있을 수 있다. 자립하는 것에 너무 많은 가치를 두는 것은 부정적인 측면도 많다.

성공적 노화는 '자립한 상태'라는 타인의 평가가 중요하게 여겨진다. 그러나 본래 중요한 것은 고령자 씨 자신이 행복하다고 느끼는 것이다. 성공적 노화보다 행복한 노화^{happy aging}(해피 에이징)라는 사고방식이 더 적합할지도 모른다. 행복한 노화는 타자의 평가가 아닌 자기 평가를 중시하는 사고방식이다. 매일 긍정적인 기분으로 사는 것에 주안점을 두고 있다.

고령자 씨가 자립하지 못하고 돌봄을 받는다 하더라도 '자율'이 지켜진다면 행복할 수 있다. 자율이란 자기 인생을 자신의 의사로 정할 수 있는 '자기 결정'이 가능한 것이다. 예를 들어 누군가가 '식사 시간이니까 식사 하실래요?'라고 물어보았을 때 식사를 할지 말지를 스스로 결정할 수 있는 것이 자기 결정이다.

자기 결정이 가능하면 돌봄을 받고 있어도 행복한 노화를 실현할 수 있다. 많은 사람이 인생의 마지막 몇 년 동안은 돌봄을 받으며 생활한다. 그러한 고령자 씨가 행복하다면 살고자 하는 의욕을 잃는 일은 없다.

→ 돌봄을 받고 있는 고령자 씨가 행복해 보이면 주위 사람들도 '나이가 드는 것도 나쁘지 않다'고 생각할 수 있게 된다. 고령자 씨가 '자율'에 따라 행복한 생활을 할 수 있도록 하자.

노년 초월 이론

> 고령기에는 스스로의 내면을 중시하는 사고방식으로 변해 지금까지의 자신을 초월하는 사람이 있다.

일반적으로 사회적 지위가 높고 자산이 있으며 건강하고 친구들에게 둘러싸여 있는 것에 가치를 두고, 그것이야말로 행복이라고 생각하는 사람이 많다. 그런데 나이를 먹어 가면서 이러한 가치관에서 멀어져 다른 것에 가치와 행복을 느끼게 되는 사람들이 있다. 이것을 노년 초월이라고 한다.

노년 초월에서는 ①사회와 개인과의 관계 ②자기 개념 ③우주적 의식의 세 가지 영역에서 변화가 나타난다.

① 사회와 개인과의 관계에서는 사회와 타인과의 표면적인 관계가 옅어지고, 재산과 지위에 대한 집착이 없어진다.

자기 마음에 드는 사람과의 관계가 더욱 돈독해지기를
바라고, 선악의 판단을 초월하여 독자적인 가치관과 사
고를 가지게 된다.

② 자기 개념에서는 자기중심성이 약해져 자신의 욕구를
채우는 것보다 다른 사람을 중시하게 된다. 외모나 몸의
기능을 유지하는 것에 대한 관심도 엷어진다. 과거의 실
패도 의미 있는 것이었다고 느끼며 자신의 인생을 긍정
하게 된다.

③ 우주적 의식에서는 시간과 공간에 대한 인식이 변화해
과거, 현재, 미래라는 시간의 구분이 없어진다. 이러한
의식을 가지면 죽음은 두려워할 것이 아니라 하나의 통
과점이라 생각하게 되기 때문에, 죽음에 대한 공포도 어
느 정도 누그러지게 된다.

그러나 노년 초월은 나이 듦에 따른 인지 능력의 저하를 보
상하기 위하여 기능하는 비합리적 사고라는 비판적인 견해도
있으며, 미국에서는 지지하지 않는 연구자도 많다. 노년 초월
이론은 나이가 들면서 타자와의 교류가 적어지는 만큼 내면
생활이 증대하는 데 영향을 미치는 것으로 보고 있다.

→ 노년 초월은 고령자 씨를 죽음의 공포에서 구원하는 역할을 하는 경
우도 있다. 이 사고방식을 이해하고 이를 저해하지 않도록 유의하며

대하는 것이 중요하다.

사회 정서적 선택성 이론

> 고령자 씨가 행복한 것은 감정적인 만족을 중시하여 행동하기 때문이라는, 행동의 동기를 부여하는 이론.

고령자 씨는 인생에 남겨진 시간이 적다고 인식해 마음이 충실해지고 긍정적이 될 수 있는 행동을 취하게 된다. 구체적으로는 지금까지의 인간관계를 더욱 깊게 하고, 인생이 풍요로워지는 것을 중시하게 된다. 예전부터 잘 알던 사람과는 친밀하게 교류하지만, 잘 모르는 사람과의 교류는 피하게 되는 것과 같이 상대를 골라 관계를 맺는다. 또한 새로운 정보와 비싼 물건에는 그다지 집착하지 않게 된다.

이러한 고령자 씨의 사고방식은 인생에는 무한한 시간이 있다고 생각하는 젊은이가 새로운 인맥을 만들어 정보를 수집하거나, 스스로의 시야를 넓히고자 하는 것에 중점을 두는 것과는 대조적일지도 모른다.

사람은 나이가 들면서 신체와 인지 기능이 쇠퇴하고 친한 사람을 잃는 등 인간관계도 변화한다. 고령기는 다른 나이대보다 스트레스를 느끼는 일이 많아지는 시기이다. 그러나 의

외로 고령자 씨는 젊은 층에 비하여 감정이 안정적인 경우가 많다.

고령자 씨는 좋아하는 것이나 바뀌지 않는 것 등 긍정적인 정보를 주목하기 때문이다. 감정의 만족을 우선하기 때문에 스트레스가 많은 상황에도 불구하고 행복감이 유지된다. 이는 '노화의 역설'이라고도 불린다.

→ 고령자 씨가 젊은 세대와는 다른 가치관으로 행동하더라도 그것은 인생에 적응하고자 하는 모습이므로 그 행동과 사고방식을 존중하자.

일차적·이차적 제어 이론

적응을 하기 위한 방법. 일차적 제어는 주위를 바꾸는 것이지만, 이차적 제어는 자신의 내면을 바꾸는 것이다.

자신의 바람이나 욕구와 주위의 상황이 맞지 않을 때 두 가지의 해결 방법을 생각할 수 있다. 하나는 자신의 바람과 욕구에 맞도록 주위의 상황을 바꾸어 나가는 것으로 '일차적 제어(컨트롤)'라고 한다. 다른 하나는 주위의 상황에 맞도록 스스로의 내면을 바꾸는 것이다. 이를 '이차적 제어'라고 한다.

예를 들어 다리가 골절되었을 때 재활 훈련을 통해 걸을 수 있도록 하는 것이 일차적 제어다. '외출할 때는 휠체어를 타면

되지. 걷는 것보다 편하다'라고 자신의 마음을 바꾸는 것이 이차적 제어라고 할 수 있다.

젊은 사람들은 일차적 제어로 주위의 상황을 바꾸려고 하는 경우가 많지만, 나이가 들수록 이차적 제어를 통해 적응하고자 하는 경우가 많아진다. 고령자 씨는 주위 상황을 바꿀 힘이 없어진 것을 자각하고 무의식적으로 자신의 내면을 바꾸게 된다.

이런 방법으로 주위에 적응하는 것이 마치 패배한 것처럼 보일 수 있다. 그러나 자기 뜻대로 되지 않는 상황에 놓였을 때 '불가능하다'고 의기소침해져서 스트레스를 느끼는 것보다, 마음을 새로이 먹고 살아가는 것이 더 행복해지는 경우도 있다. 이차적 제어는 고령자 씨가 긍정적으로 살아가기 위해 빼놓을 수 없는 수단이다.

→ 고령자 씨가 일차적 제어를 하지 못하고 의기소침해져 있을 때는 세심하게 기분 전환을 하도록 도와서 이차적 제어를 할 수 있도록 잘 유도한다.

2장 왜 자기에게 불리한 것은 쉬이 잊어버릴까

아름다운 추억만 남기고 싶은 자기중심적인 기억의 비밀

자신에게 유리한 것만 말하는 고령자 씨가 많은 듯합니다. 그러한 현상에는 기억의 작동 방식과 노화가 관련되어 있습니다. 나이 드는 것이 기억의 작동 방식과 행동에 어떤 영향을 미치는지 살펴봅시다.

고령자 씨는 무의식적으로 자신에게 유리한 정보를 골라 기억하는 경향이 있습니다. 예를 들어 '일요일에 아들 가족이 찾아와서 기뻤다', '지난주에 취미 합창 동료들과 함께 회식을 했다' 등…. 고령자 씨에게 근황을 물어보면 좋았던 것만 이야기한다는 인상을 받은 적은 없나요? 실제로는 즐거운 일만 있었던 게 아니라 '아들 가족이 왔을 때 손자가 버릇이 없어 주의를 주었더니 분위기가 어색해졌다', '회식 날에 전철을 잘못 타서 지각했다' 같은 일이 있었다 하더라도 고령자 씨는 이런 부정적인 이야기는 하지 않습니다. 일부러 말하지 않는 것이 아니라 기억하고 있지 않기 때문입니다.

이러한 경향은 연령에 관계없이 나타날 수 있으나, 젊은 세대는 부정적인 것에도 눈이 가지만 고령자 씨는 긍정적인 것을 보기 쉽다고 합니다. 젊은 세대는 앞으로의 인생을 살아가기 위해 위험과 공포 등의 부정적인 정보를 모으고 이것에 대처할 수 있는 힘을 기르고자 하기 때문입니다. 그에 반해서 고령자 씨는 인생에서 부정적인 것도 경험해 왔기 때문에, 작아진 기억 용량을 긍정적인 것에 쓰려고 하는 것으로 알려져 있습니다. 나이를 먹으면 심신이 쇠약해지거나 친한 사람이 죽는 등의 일로 스트레스가 늘어납니다. 남은 인생을 행복하게 살아가기 위해서 긍정적이고 기분이 전향적으로 나아질 수 있는 정보를 중시하고 싶은 것입니다.

고령자 씨는 좋은 일만 기억한다

고령자 씨의 옛이야기를 들으면 힘들었던 것보다 좋았던 추억이 거의 대부분입니다. 왜 그럴까요? 고령자 씨는 옛이야기를 떠올릴 때 스스로의 '기억'에 의존하여 말합니다. 기억에는 여러 종류가 있습니다. '기억의 분류' 도표와 함께 설명해 보겠습니다. 인간의 기억은 기억하는 시간의 길이에 따라 감각 기억, 단기 기억, 장기 기억의 세 가지로 나뉩니다.

감각 기억은 '지금 보고 있는 것을 사진처럼 기억한다'와 같이 시각, 청각, 촉각 등 감각 기관에 순간적으로 잠깐 존재하는 기억입니다. 감각 기억 중에서도 인상적인 것만이 단기 기억이 되어 몇 초에서 몇십 초 정도 뇌의 해마에 보존됩니다. 단기 기억 중 몇 번이고 기억이 되살아나거나 다른 기억과 관련된 것은 뇌에 자리 잡게 됩니다. 이것들이 장기 기억이 되어 몇 분에서 평생에 걸쳐 기억되는 것입니다.

또한 장기 기억은 내용으로 분류할 수 있는데, 현재 기억懸在記憶과 잠재 기억으로 나뉩니다. 현재 기억은 사람의 이름과 과거의 경험과 같이 말로 표현할 수 있는 기억으로, 의미 기억

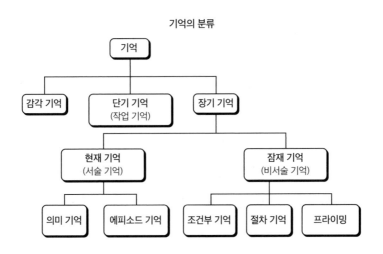

기억의 분류

과 에피소드 기억이 있습니다. 잠재 기억은 자전거 타기나 수영하기 등 몸으로 기억하고 있으며 말로는 표현하기 어려운 기억으로, 조건부 기억과 절차 기억(프로세스 기억), 프라이밍 priming(점화)이 있습니다.

현재 기억과 잠재 기억 중에서 노화의 영향을 받기 쉬운 것은 에피소드 기억입니다. 에피소드 기억은 언제, 어디서라고 하는 시간과 장소 등의 정보를 담고 있는 직접 체험에 대한 기억입니다. 예를 들어 '자동차 키를 둔 장소를 잊어버렸다', '어제저녁에 무엇을 먹었나 기억나지 않는다' 등과 같이 깜빡하는 현상은 에피소드 기억의 저하가 원인입니다.

고령자 씨는 최근의 일은 잊어버려도 젊었을 때의 일은 잘 기억합니다. 특히 10대 후반에서 30대 전반의 시기를 떠올려서 곧잘 가족과 친구들에게 이야기를 들려줍니다. 그 시기는 진학과 취직, 결혼, 출산 등 강한 감정을 동반하는 사건이 일어나기 쉬운 시기입니다. 에피소드 기억 중에서도 인생에 영향을 줄 만한 중요한 기억들이기 때문에 이러한 현상이 일어납니다.

과거의 기억에 대한 내용은 항상 뇌 안에서 갱신되고 있습니다. 그리고 힘들었던 일도 좋은 추억으로 재구성되기 때문에 과거의 추억담은 멋진 일로만 가득 차 있는 것입니다.

얼굴은 기억나는데 이름이 기억나지 않는다

나이가 들면서 사람의 이름과 물건의 이름이 잘 기억나지 않는 경우가 많아집니다. '그 드라마에 나왔던 배우 누구였지? 있잖아, 키가 크고…' 이런 일이 자주 일어납니다. 마찬가지로 물건을 기억하는 능력도 쇠퇴합니다.

사물을 기억하고 떠올리는 것은 '기명→보전→상기'라고 하는 3단계 작동 방식으로 나타낼 수 있습니다. 눈과 귀 등 감각 기관에 들어온 정보에 의미를 부여하는 것이 '기명'이고, 뇌 속에서 단기 기억을 장기 기억으로 변환하여 저장하는 것이 '보전'이며, 축적된 기억 속에서 필요한 것을 찾아내는 것이 '상기'입니다. 이 3단계의 방식 중 나이가 들면서 쇠퇴하기 쉬운 것이 '기명'과 '상기'입니다. 나이를 먹으면 시각 등의 감각 기능이 둔해지므로 감각 기관에서 얻을 수 있는 정보량이 감소합니다. 뇌의 기능도 떨어져서 정보를 기명하는 능력이 저하됩니다. 이로 인해 기억할 수 있는 정보량이 줄어들게 됩니다.

또한 얼굴은 떠오르는데도 이름이 바로 기억나지 않는 것은 상기 능력의 저하 때문입니다. 무언가를 계기로 '아, 그 사람 사토 씨였지' 하고 갑자기 기억나는 때가 있습니다. 기억 자체는 사라지지 않고 뇌에 보존되어 있었기 때문입니다. '보전'은 일단 기억된 것을 계속 유지하는 능력인데, 치매 등의 병에 걸린 경우를 제외하면 나이를 먹어도 쇠퇴하지 않는 것으로 알려져 있습니다.

　일부 고령자 씨는 기억력이 저하되었어도 생활에 불편을 겪는 경우가 적습니다. 아직 중요한 약속을 잊은 적도 없습니다. 기억력의 쇠퇴를 자각해 잊지 않기 위해 메모를 하거나 수첩에 적거나 하는 방식으로 스스로 조심하고 있기 때문입니다. 예를 들어 고령자 씨와 젊은이에게 '다음 회의에서는 오늘 나눠 준 자료와 가위를 가지고 와 주세요'라고 전했다고 합시다. 그러면 젊은이들은 회의와 그다지 관계가 없어 보이는 가위를 잊어버리는 경우가 많습니다. 그러나 고령자 씨는 자신의 기억에 의지하지 않고 중요한 것은 메모하는 방법 등으로 기억을 보조하기 때문에 오히려 잘 잊어버리지 않는 것입니다.

'기억'에 관한 키워드

노화의 역설

> 상실 체험이 늘어나는 노년기에 오히려 기분이 안정되고 행복을 느끼
> 는 모순된 현상.

나이가 들면 몸이 생각대로 움직이지 않고 건강이 망가져서 병에 걸리기 쉽다. 배우자와 형제, 친한 친구를 잃고 일에서도 퇴직해서 사회적 역할이 없어지는 체험을 하는 사람이 늘어난다. 고령기는 여러 가지를 상실하는 시기라고도 할 수 있다. 하지만 고령자 씨가 느끼는 행복과 마음의 안정은 젊은이와 비교해도 차이가 없다고 알려져 있다. 상실이 많음에도 불구하고 행복감을 유지하는 것은 모순된 것처럼 보이지만, 그 이유는 사회 정서적 선택성 이론으로 설명이 가능하다.

사람이 안심하고 살아가기 위해서는 위험을 피하기 위한 정보가 필수다. 젊은이와 중년은 그러한 부정적인 정보에 주의를 기울이는 경향이 있으나, 고령자 씨는 긍정적인 정보를 중시한다는 연구 결과가 있다.

한 실험에서 젊은이, 중년, 고령자를 대상으로 긍정적인 감

정이 생기는 사진, 부정적인 감정이 생기는 사진, 중립적인 사진, 이렇게 세 가지 사진을 보여 주었다.

젊은이와 중년은 긍정적인 사진과 부정적인 사진의 기억 성적이 중립적인 사진보다 우수했지만, 고령자는 긍정적인 사진에 대한 기억 성적이 다른 두 가지 종류의 사진보다 월등히 높았다. 이처럼 고령자 씨가 긍정적인 정보를 선호하여 받아들이는 것을 긍정positivity 효과라고 부른다.

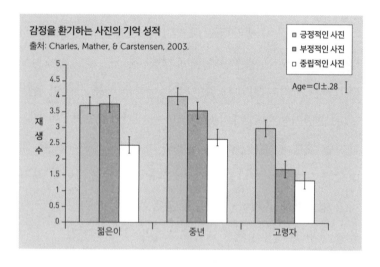

감정을 환기하는 사진의 기억 성적
출처: Charles, Mather, & Carstensen, 2003.

→ 고령자 씨가 부정적인 정보보다 긍정적인 정보를 받아들이는 것에는 심리학적인 이유가 있다. 그 이유를 이해하고 고령자 씨의 사고방식을 받아들이도록 한다.

기억 작동 방식

감각 기관으로 들어온 정보 중에서 중요한 것을 골라 뇌에 저장했다가 필요한 때에 생각해 내는 것.

사람은 본 것, 들은 것, 느낀 것 등 모든 정보를 기억하는 건 불가능하지만, 필요한 정보를 뇌의 전두엽 속 전두전야前頭前野에서 골라 뇌 내에 입력한다. 이를 '기명'이라고 한다. 기명된 정보는 해마로 보내져 일시적인 단기 기억으로 저장된다. 단기 기억은 짧은 시간 내에 대부분 사라지지만 그중 일부는 장기 기억이 되어 뇌 내에 '보전保全'된다. 보전된 정보는 그대로 유지되는 것이 아니라 세월이 지나면서 일부는 삭제되고 편집되는 경우가 있다. '상기'는 뇌에 저장된 정보에서 필요한 것을 찾아내는 작업이다. '상기'를 할 때에도 전두전야가 기능한다.

나이가 들면서 전두전야 및 해마가 위축되어 복잡하고 기억하기 어려운 정보를 기명하는 것이 어려워진다. 그렇기 때문에 고령자 씨는 기명 및 상기에 어려움을 겪는다. 상기 기능 또한 쇠퇴하기 때문에 얼굴은 기억해도 이름을 떠올리지 못하는 상황이 일어난다.

보전에 대해서는 노화에 따른 영향이 적은 편이라서, 이미 보전되어 있는 기억이 소멸하는 경우는 거의 없다고 파악된다. 기억 작동 방식인 '기명, 보전, 상기'는 컴퓨터의 정보 처리 시

기억의 3단계 프로세스

| 기명(부호화) 정보를 입력한다 | → | 보전(저장) 정보를 저장한다 | → | 상기(검색) 필요한 정보를 출력한다 |

스템에 비유하여 '부호화, 저장, 검색'으로 불리는 경우도 있다.

→ 고령자 씨가 정보를 기억하기 쉽도록 동시에 여러 정보를 제시하지 말고 하나씩 알기 쉽게 제시한다. 기억하기 쉽도록 메모를 쓰게 하는 것도 효과적이다.

단기 기억·작업 기억

단기 기억은 일시적으로 보전되는 기억. 작업 기억은 단기 기억을 조작하기 위한 기억 스페이스를 말한다.

단기 기억이란 예약 전화를 할 때나 일회용 비밀번호를 입력할 때처럼 몇 초만 기억한 뒤 잊어버리는 기억을 가리킨다. 뇌는 기억을 보전할 수 있는 시간이나 정보량이 한정되어 있으며, 한 번 보고 기억할 수 있는 것은 문자와 숫자의 나열로는 5~9개 정도라고 알려져 있다.

그 이상의 글자 수라도 의미를 갖게 하면 기억할 수 있다는 특징이 있다. 단기 기억 정보를 잊지 않기 위해 몇 번이고 써 보는 것을 '리허설'이라고 한다. 알츠하이머형 치매인 사람의 경우에는 단기 기억이 손상되지만, 건강한 고령자 씨의 경우에는 단기 기억의 저하는 별로 보이지 않는다.

작업 기억은 단기 기억을 확장하여 복잡한 작업을 할 때 기능하는 기억으로 워킹 메모리라고도 한다. 청각 정보를 보존하는 '음운 루프phonological loop', 시각 정보를 보존하는 '시공간 스케치패드visuospatial sketchpad', 장기 기억과 연계하는 '에피소드 버퍼'와 이들을 제어하는 '중앙 실행계'로 구성되어 있다.

예를 들어 독서를 할 때 문장은 메모리의 음운 루프와 시공

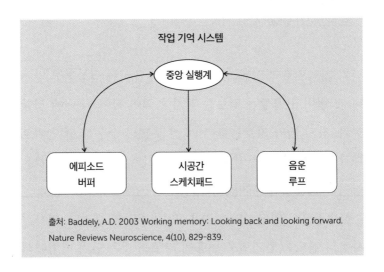

작업 기억 시스템

중앙 실행계

에피소드 버퍼

시공간 스케치패드

음운 루프

출처: Baddely, A.D. 2003 Working memory: Looking back and looking forward. Nature Reviews Neuroscience, 4(10), 829-839.

간 스케치패드에 보존되기 때문에 읽고 있는 부분을 틀리지 않는다. 그리고 에피소드 버퍼는 문장의 이해에 필요한 정보를 장기 기억에서 꺼내는 작용을 한다. 또한 숫자의 암산이나 순서를 생각하면서 요리를 하는 등의 작업도 작업 기억과 관련되어 있다. 고령자 씨가 되면 작업 기억의 기능 저하가 뚜렷해지는 경향이 있다.

→ 작업 기억은 나이가 들면서 저하되므로 동시에 여러 작업을 하는 것이 어려워진다. 고령자 씨가 한 가지 작업에 집중할 수 있도록 해 주자.

장기 기억

> 장기간에 걸쳐 보호되고 유지되는 기억. 대량의 정보가 구분된 상태로 보존되어 있다.

단기 기억으로 기억된 정보 중 감정이 쏠리는 인상적인 일이나 몇 번이고 곱씹는 정보는 장기 기억이 되어 뇌 내에 정착한다. 장기 기억 정보는 뇌 내에서 구분되어 수십 년 단위로 대량 보존된다. 시간이 흘러도 다시 기억해 낼 수 있는 것은 장기 기억에 보존된 기억이다.

시험공부로 영단어와 한자를 몇 번이고 써 보거나, 역사적 사건의 연도를 암기법을 이용해 외우는 것은 단기 기억에서 장기 기억으로 이행시키기 위한 작업이다. 나이가 들수록 단기 기억에서 장기 기억으로 이행시키는 능력이 떨어지지만, 적절한 운동과 머리를 쓰는 지적인 활동이 기억력 감퇴의 속도를 늦추는 데 효과적이다.

→ 고령자 씨가 자신에게 불리한 것을 기억하지 못하는 이유는 잊어버린 것이 아니라 다시 기억해 내고 싶지 않기 때문이라는 것을 이해한다.

현재 기억·잠재 기억

> 현재 기억(서술 기억)은 말로 표현할 수 있는 기억이며, 잠재 기억(비서술 기억)은 말로 표현할 수 없는 기억을 말한다.

기억에는 여러 종류가 있다. 기억하는 시간에 주안점을 두면 단기 기억과 장기 기억으로 분류되고, 기억의 내용에 중점을 두면 현재 기억과 잠재 기억으로 나뉜다.

현재 기억이란 언어로 표현할 수 있는 기억이다. '에피소드 기억', '의미 기억'과 같이 자신의 의지로 떠올릴 수 있고 그것을 말로 전할 수 있는 기억을 뜻한다. 한편 잠재 기억은 스키를 타는 법 등 몸으로 기억하여 말로는 표현할 수 없는 기억이다. '절차 기억'과 '프라이밍', 매실장아찌를 보았을 때 침이

절로 나오는 것과 같은 '조건부 기억'이 있다.

→ 고령자 씨가 알츠하이머형 치매에 걸린 경우 잠재 기억인 절차 기억
  은 비교적 잘 보존된다. 절차 기억으로 행할 수 있는 가사 등을 계속
  하도록 하는 것이 좋다.

에피소드 기억

> 시간과 장소의 정보를 동반한 과거 사건의 기억. 나이가 들면서 영향
> 을 받기 쉽다.

에피소드 기억이란 개인이 경험한 일에 관한 기억이다. 소위
'추억(자전적 기억)'을 가리키는 말로 현재 기억으로 분류된다.
이 기억은 나이가 드는 것의 영향을 받기 쉽다. 예를 들어 '어
제저녁으로 먹은 것이 기억나지 않는다', '휴대 전화를 어디에
두었는지 잊어버렸다' 등과 같이 무언가를 깜빡 잊어버리는
것은 에피소드 기억의 저하에 의한 것이다.

노화로 인한 에피소드 기억의 저하는 비교적 최근에 일어
난 일에서 현저히 발견된다. 나이를 먹는 것의 영향을 받기 쉬
운 기억은 1년 이상 지난 가까운 과거 일에 대한 기억이라는
보고가 있다.

사람은 감각 기관을 통해 주위에서 정보를 받아들인 뒤 필

요한 정보만을 전두전야에서 선택해 입력한다('기명'). 해마의 작용으로 기억으로 '보전'되고, 필요할 때는 보전된 정보로부터 '상기'를 하여 기억을 떠올린다. 나이가 들면 해마와 전두전야가 위축되어 이 세 가지 방식에 영향을 미친다. 고령자 씨는 '어제저녁으로 무엇을 먹었는지'를 기억할 수 없게 되는 등 에피소드 기억의 저하가 일어나기 쉽다. 그러나 치매에 의한 기억 장애에서는 '어제저녁 식사를 했는지 안 했는지' 자체를 생각해 낼 수 없다. 따라서 노화에 따른 에피소드 기억의 저하와 치매의 기억 장애는 다른 장애라는 걸 알 수 있다.

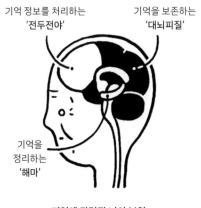

기억 정보를 처리하는
'전두전야'

기억을 보존하는
'대뇌피질'

기억을
정리하는
'해마'

기억에 관련된 뇌의 부위

● Piolino, P., Desgranges, B., Clarys, D., Guillery-Girard, B., Taconnat, L., & Isingrini, M.et al(2006) Autobiographical memory,autonoetic consciousness, and self-perspective in aging. Psychology and Aging, 21, 510-525.

→ 고령자 씨는 '기명'의 기능이 저하되기 쉽기 때문에 한 번에 여러 가
   지 정보를 전달해도 전부 기억해 내지 못하는 경우가 있다. 하나씩
   순서대로 전달하면 기억하기 쉬워진다.

의미 기억

일반적인 지식이 뇌에 축적되어 기억으로 정착한 것. 노화의 영향을
잘 받지 않는다.

의미 기억이란 자기 주변이나 세상의 일을 일반지식으로
서 축적하여 기억한 것이다. 초등학생 시절에 배운 구구단은
'9×9=81'과 같이 문맥적인 정보를 수반하지 않는 기억이다. 그
외에도 역사적인 인물을 외우는 기억과 나라의 수도를 기억
하는 것도 의미 기억으로 분류된다. 학교에서 학습한 내용 등
일반적인 지식으로 축적한 것이 자신의 지식으로 정착된 것
이다.

의미 기억은 나이가 들수록 기억력 저하가 완만하다는 것
이 명확하게 밝혀져 있다. 예를 들어 어제저녁에 카레를 먹었
다는 에피소드 기억은 잊어버릴 수도 있겠지만, 카레가 어떤
요리인가 하는 의미 기억을 잊는 일은 드물다.

그렇다면 어째서 의미 기억은 노화에 따라 저하되지 않는

걸까? 그것은 의미 기억이 자신의 경험으로 축적된 지식이기 때문이다. 고령자 씨는 인생 경험이 풍부하므로 지식도 많다. 그 지식이 오랜 세월을 거쳐 확실한 기억으로 정착된 것으로 추측된다. 또한 의미 기억은 대뇌피질이라고 하는 뇌의 표면 부분에 광범위하게 축적된다. 대뇌피질은 노화의 영향을 적게 받기 때문에 의미 기억도 저하되기 어렵다고 할 수 있다.

→ 의미 기억은 나이가 들수록 쇠퇴하기는커녕 오히려 증가한다. 고령자 씨가 인생 경험에서 얻은 지식을 존중하고, 그것을 젊은 세대에게 전달할 수 있는 기회를 만들도록 하자.

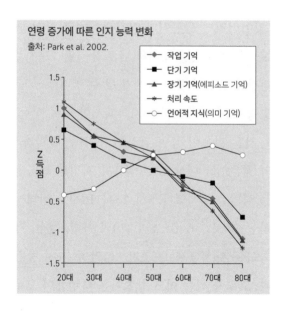

연령 증가에 따른 인지 능력 변화
출처: Park et al. 2002.

전망적 기억

스케줄과 해야 하는 일에 관한 기억. 일상생활을 문제없이 하기 위해서는 필수적이다.

기억이라고 하면 과거의 것이라는 이미지가 강하지만, 전망적 기억은 미래에 대한 기억이다. 일상생활은 아침에 일어나 아침 식사를 하고 옷을 갈아입은 후 문단속을 하고 외출하는 식의 루틴과 규칙적인 일들로 이루어져 있다. 약속 시간에 늦지 않으려면 몇 시에 전철을 타야만 하는지 등 스케줄을 수행하기 위해서는 역산해서 행동해야 한다. 스케줄이나 해야 하는 일을 잊어버리면 생활이나 인간관계에 지장이 생기기 때문이다. 또 약 먹는 것을 잊거나 난로의 불을 끄는 것을 잊어버리면 건강과 생명이 달린 문제가 될 수 있다.

비록 고령자 씨는 기억력이 저하되지만 해야 하는 일을 잊어버리는 것은 젊은이 쪽이 더 많다는 연구 결과가 있다. 고령자 씨와 젊은이를 대상으로 1일 3회, 지정된 전화번호로 전화를 하는 실험을 실시했다. 8시, 13시, 18시로 정해진 시간에 전화를 하는 것(시간 베이스 조건, TB)과 아침, 점심, 저녁 식사 후에 전화하는 것(사건 베이스 조건, EB)의 두 가지 방법으로 조사한 결과, 고령자 씨는 어느 방법이든 수행률이 모두 9할 이상이었으나 젊은 층은 70% 정도에 그쳤다. 이는 많은 고령자

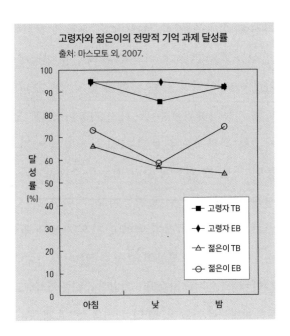

고령자와 젊은이의 전망적 기억 과제 달성률
출처: 마스모토 외, 2007.

달성률 [%]

| | 아침 | 낮 | 밤 |

■ 고령자 TB
◆ 고령자 EB
△ 젊은이 TB
○ 젊은이 EB

씨가 기억력 저하를 자각하고 있기에 수첩과 메모 등을 이용하는 식으로 기억력을 보완하고 있기 때문으로 보인다.

→ 휴대 전화와 스마트폰의 알람 기능을 잘 사용하면 일상의 중요한 행동을 잊어버리는 것을 막을 수 있다.

메타 인지

자신을 또 다른 자신이 바라보는 것처럼, 스스로의 사고와 행동을 객관적으로 보는 것.

사람은 자신에 대해 '얌전한 성격이다', '운동을 잘한다'와 같이 여러 인식을 가지고 있다. 이와 같이 자신을 어떻게 인지하고 있는가를 메타 인지라고 한다. 메타 인지에는 모니터링 기능과 컨트롤 기능이라고 하는 두 가지 기능이 있다. 스스로의 행동과 사고를 객관적으로 보고 자신을 평가하는 것이 모니터링 기능이다. 또 그 결과에 따라 행동을 수정하거나 새로운 목표를 설정하는 것이 컨트롤 기능이다. 메타 인지는 인간에게만 주어진 능력이다. 이것이 있어 인간은 사물을 깊이 생각하고 스스로의 행동을 반성하여 고칠 수 있다.

→ 고령자 씨는 메타 인지를 사용하여 기억력 감퇴를 자각하고 메모를 하는 등의 방법으로 이를 보완한다. 인생을 풍요롭게 하는 것에 이 메타 인지 능력을 사용하도록 하자.

가짜 기억

실제로는 일어나지 않은 일을 사실이라고 믿거나, 사실과 다르게 기억하고 있는 것.

사람의 기억은 항상 정확하지만은 않다. 예를 들어 범죄를 목격하고 범인의 얼굴을 떠올리려 할 때 '눈이 컸습니까?'라는 질문을 받으면 왠지 그랬던 것처럼 여겨지는 등 사람은 손쉽게 가짜 기억을 만들어 낸다.

나이가 들면 사실이라고 생각했던 것이 실제로는 가짜 기억이 되는 현상이 잦아진다. 기억력이 감퇴하여 '어떤 행동을 자기가 실제로 했는지, 상상만 한 것인지를 판단하는 능력'과 '어떤 정보를 어디에서 입수한 것인지를 기억해 내는 능력'이 저하되기 때문이다. 치매의 증상 중 하나인 '도둑맞았다는 망상'은 이 가짜 기억에 의한 것이라고 할 수 있다.

→ 생각을 잘못하는 일은 흔하며, 고령자 씨 중 치매가 있는 사람은 더욱 그 증상이 심하다. 완전히 부정하거나 억지를 부리는 것을 바로잡으려고만 하지 말고 일단 받아들이도록 하자.

기분 일치 효과

그때그때의 기분에 맞추어 생각을 바꾸기 쉬워지는 것을 말한다.

즐거운 기분일 때는 '즐거운 일을 떠올리고' 슬픈 기분일 때에는 '슬픈 일을 떠올리는' 것처럼 강한 감정을 동반한 일은 그 감정도 함께 기억에 남는다. 이를 기분 일치 효과라고 하는데 사물을 떠올릴 때뿐 아니라 기억할 때도 작용한다.

괴로운 기분이 계속 이어질 때에는 부정적인 것만 기억하기 쉽다. 예를 들어 가족이 사망하거나 연인과 헤어지는 일로 인해 슬픈 기분일 때에는 부정적인 기억이 남는다. 나중에 되돌아보면 '당시에는 힘든 일만 거듭 일어났다'고 느끼지만 실제로는 그렇지 않았을 것이다. 반대로 사물을 낙천적으로 바라보는 사람은 '나는 항상 운이 좋아' 하고 늘 긍정적인 기분으로 살기 때문에 안 좋은 일은 기억에 잘 남지 않는다.

부정적인 기억은 긍정적인 기억보다 더욱 선명하게 남는다. 괴로운 일은 PTSD(외상 후 스트레스 장애)를 불러일으키는 경우도 있으며, 이는 과거의 괴로운 체험을 세세하게 기억해 선명하게 떠올리는 것이 원인이다.

이와는 반대로 부정적인 기억은 긍정적인 기억보다 더 빨리 희미해지는 것으로 알려져 있다. 기억력이 떨어지는 고령자 씨는 세세한 부분까지 기억하지 못하기 때문에 젊은이들보다 부정적인 기억이 빨리 흐려지는 것으로 추측된다.

→ 고령자 씨가 별로 내키지 않아 하는 일을 부탁할 때는 그가 좋아하는 음악을 틀어서 먼저 긍정적인 기분을 느낄 수 있도록 해 보자.

3장 나이가 들면 왜 성격이 변할까

**젊었을 때는 점잖았던 사람도
고령자 씨가 되면 왜 괴팍하고 까칠해질까**

나이가 들면 성격이 변할까요? 변한다면 어떻게 변할까요? 나이가 들어 변하는 것과 변하지 않는 것, 수명과 건강에 영향을 미치는 성격의 특징을 생각해 봅시다.

우리는 평소에 사람의 행동이나 사고방식에 대해 '인격', '성격'이라는 말을 자주 사용합니다. 하지만 사람의 인격이나 성격은 천차만별이고, 이들을 정의하려고 하면 모호해지는 것도 사실입니다. 인격이나 성격이 유전적인 것인지, 아니면 그 사람이 자라 온 환경과 습관에서 비롯된 것인지, 아니면 문화적 배경이나 시대적 영향에 의한 것인지 정확히 파악하여 구분하기 어렵기 때문입니다.

심리학자나 정신과 의사 등은 오래전부터 성격을 분류하는 방법을 연구해 왔습니다. 성격에는 몇 가지 공통된 경향이 있다고 알려져 있으며, 이는 몇 가지 그룹으로 나누어 볼 수 있습니다. 현대의 심리학에서는 성격을 나누는 방법으로 오리건대학교의 심리학자 루이스 골드버그가 제창한 '빅 파이브(5인자 모델)'가 주류라고 할 수 있습니다.

이는 성격이라는 것이 다섯 가지 주요 인자에 의해 형성된다고 하는 견해입니다. 5인자에는 신경증성, 외향성, 개방성, 협조성, 성실성이 있습니다. 어떤 사람이 어느 인자의 영향을 강하게 받느냐, 또는 약하게 받느냐에 따라 성격의 경향이 결정된다는 것입니다.

예를 들어 주변 사람 중에서 인간관계가 원만한 사람을 떠올렸을 때 그 사람은 '외향성'의 특징을 가지고 있을지 모릅니다. 또한 감정적으로 과민하고 신경질적인 사람을 떠올렸을 때 그 사람은 '신경증성'의 특징을 가지고 있지는 않을까요?

이는 어디까지나 그 사람이 가지는 성격의 일면으로 파악할 수 있습니다. 그리고 누구나 성격에 있어서 이 5인자를 가지고 있다고 말해도 좋을 것입니다. 즉 5인자 중에 어떤 인자가 강하게 영향을 주고 있는가에 따라 그 사람의 성격이 정해지는 것입니다.

신경증성

: 감정적으로 과민하고 스트레스에 약하다. 반대 성향은 안정성.

(특징)	⟺	(반대 성향)
고민에 빠지고 끙끙대기 쉽다	⟺	냉정하다
흥분하기 쉽다	⟺	침착하다
자기 연민적	⟺	자기 만족적
자의식 과잉	⟺	무관심
감정적	⟺	이성적
상처받기 쉽다	⟺	뻔뻔하다

외향성

: 심적인 에너지가 밖으로 향해 있는 성향. 반대 성향은 내향성.

(특징)	⟺	(반대 성향)
애정으로 가득 차 있다	⟺	내향적
발이 넓다	⟺	고독
수다쟁이	⟺	과묵
적극적	⟺	소극적
농담을 좋아한다	⟺	진지하다
정열적이다	⟺	쿨하다

개방성

: 내적·외적인 세계에 대한 관심이 높은 성향. 반대 성향은 폐쇄성.

(특징)	⟺	(반대 성향)
상상력이 풍부하다	⟺	현실을 직시한다
창조적	⟺	비창조적
독창적	⟺	틀에 박혀 있다
변화를 좋아한다	⟺	관례를 좋아한다
호기심이 강하다	⟺	호기심이 약하다
진보적	⟺	보수적

협조성

: 주위와 조화를 이루기 쉬운 성향. 반대 성향은 적대성.

(특징)	⟺	(반대 성향)
상냥하다	⟺	잔인
사람을 믿는다	⟺	의심이 많다
씀씀이가 크다	⟺	구두쇠
동조하다	⟺	적대하다
관대	⟺	비판적
온후하다	⟺	성격이 급하다

성실성

: 일의 계획과 실행에 있어 자기 제어가 높은 성향. 반대 성향
은 불성실성.

(특징)	⬄	(반대 성향)
신중	⬄	부주의
열심히 일한다	⬄	나태
질서가 있다	⬄	혼란한 상태
시간을 지킨다	⬄	시간에 늦는다
야심이 있다	⬄	목적이 없다
잘 참는다	⬄	중간에 포기한다

성격은 건강, 장수와 관계가 깊다

성격이야말로 그 사람의 건강과 장수에 관련되어 있는 것이 아
닐까 생각됩니다. 예를 들어 '신경증성'이 높은 사람은 대인 관
계에서 스트레스를 느끼기 쉽고, 사물에 과민하게 반응합니
다. 그것이 심신의 건강에 영향을 주어 병을 발생시키고 사망
률을 높이는 것으로 보는 관점이 있습니다.[●]

● Eizenman, D. R., Nesselroade, J. R., Featherman, D. L., & Rowe, J. W., 1997,
Intraindividual varability in perceived control in a older sample: The MacArthur
successful aging studies Psychology and Aging, 12, 489-502.

또한 '성실성'은 건강에 관한 행동과 관련이 있다고 알려져 있습니다. 고령자 씨는 여러 병이 발생할 위험을 안고 있습니다. 예를 들어 2형 당뇨병은 간이 센 음식과 운동 부족 등 오랜 세월 이어진 나쁜 생활 습관이 원인으로 발생하는 경우가 많습니다. 혈당 수치가 상승하여 동맥 경화로 발전하고, 뇌졸중이나 심근 경색 등 생명에 영향을 미치는 무서운 병을 일으킬 가능성도 있습니다. 그러나 '성실성'이 높은 사람은 균형 잡힌 식사를 하고, 정기적으로 운동하는 등 몸에 좋은 생활을 하여 병의 원인이 되는 행동을 피하는 경향이 있습니다.[*] 그렇기 때문에 사망률이 낮다는 것이 보고되어 있습니다.[**]

이와 같이 사람의 수명과 성격은 개인의 감정이나 행동, 의지 등과 깊이 관련되어 있습니다. 특히 '신경증성'이 높은 사람은 불안과 스트레스를 너무 떠안지 말고 매일 긍정적인 마음을 가지려고 노력하는 것이 장수의 비결입니다. 그것이 어려울 때에는 주변 사람들에게 도움을 요청해 불안을 덜어내면 병이나 사망의 위험을 억제할 수 있을 것입니다.

[*] Bogg. T., & Roberts, B. W., 2004, Conscientiousness and health-related behaviors. Psychol Bull, 130(6), 887-919.

[**] Wilson, R. S., Mendes de Leon, C. F., Bienias, J. L. et al., 2004, Personality and mortality in old age. J Gerontol B Psychol Sci Soc, 59(3), P. 110-116.

고령자 씨가 되면 성격도 변할까

고령자 씨 중에는 주변 사람들에게 '나이가 들어서 성격이 원만해졌다'는 말을 듣는 한편, '완고해진 거 아니야?'라는 말을 듣는 사람도 있습니다. 나이가 들면 성격이 변하는 것일까요? 한 가지 예를 들어 보겠습니다.

고등학교 동창인 여성 A씨와 B씨 두 사람이 50년 만에 동창회에서 재회했습니다. A씨는 옛날부터 얌전한 성격이었습니다. 한편 B씨는 사교적이고 활발한 성격이었으며 항상 반의 중심에 있었습니다. A씨에게는 B씨가 반짝반짝 빛나는 것처럼 보였습니다.

B씨는 고등학교 동창회에 스포츠 센터에서 만났다는 20대 남성 C씨를 데리고 왔습니다. A씨는 '젊은 남자를 데리고 오다니, B의 활발한 성격은 여전하네. 그에 비해 나는 얌전하기만 하구나' 하고 마음속으로 생각했습니다. 그때 C씨의 목소리가 들렸습니다. "저보다 50세 가까이 많은 분들은 역시 B씨처럼 점잖으시군요. 저도 언젠가는 이렇게 될 수 있을까요?" 그 말을 들은 A씨는 'B가 점잖아 보인다니 정말 그렇게 생각하는 건가? 나보다 훨씬 활발한데 말이야' 하고 깜짝 놀랐습니다.

그렇다면 50년 전과 비교했을 때 B씨의 성격은 변했을까요, 아니면 변하지 않았을까요? A씨와 C씨의 감상은 모순된 것으로 보이지만, 그것은 나이가 들면서 생기는 성격의 변화를 서로 다른 시각에서 보고 있기 때문입니다.

A씨가 'B는 50년 전과 변함이 없다'고 생각하는 것은 동년배들 속에 있는 B씨의 성격이 상대적으로 변하지 않았다는 것입니다. 동급생인 A씨와 B씨를 비교하여 B씨가 활발하다고 하는 것은 예나 지금이나 변하지 않은 것입니다. 또한 C씨가 '50년 가까운 세월이 지나면 점잖은 성격이 된다'고 생각한 것은 젊은 세대와 비교해서 B씨가 점잖은 느낌이라는 뜻입니다.

성격은 나이가 들면서 변하지만 그 변화의 방식은 모든 사람이 다 같은 경과를 거치기 때문에, 동세대가 보았을 때는 성격 변화가 그리 커 보이지 않는 것입니다.

'성격'에 관한 키워드

주관적 건강관·객관적 건강관

전자는 자신이 건강하다고 느끼는지의 여부이며 후자는 유병률 등의 객관적인 지표로 평가한다.

객관적 건강관의 지표가 되는 것은 질병의 유무, 입원 경험, 약의 복용, 흡연 등이다. 주관적 건강관에서는 '스스로가 건강하다고 느끼는지'와 같은 주관적인 감각이 지표가 된다. 이 두 가지 건강관은 밀접하게 연관되어 객관적 건강관이 저하하면 주관적 건강관도 저하하는 경향이 있다. 그러나 고령자 씨는 나이가 들면서 객관적 건강관이 저하해도 주관적 건강관은 그다지 영향을 받지 않는다.

주관적 건강관은 사망률과도 관련이 있다. '컨디션이 나쁘다, 좋지 않다'고 대답한 사람은 '컨디션이 좋다'고 대답한 사람보다 3년 내지 3년 반 후의 사망률이 2배 이상 높다는 연구 결과가 있다.

Menec, V. H., Chipperfield, J. G., & Petty, R. P., 1999, Self-perceptions of health: A prospective analysis of mortality, control, and health. The Journals of Gerontology, Series B, 54(2), P. 85-93.

→ 의학적 근거가 아닌 주관적 건강관이 사람의 수명에 영향을 준다. '병은 마음으로부터'라는 말이 있는 것처럼 건강도 마음먹기에 따른 것이라고 고령자 씨에게 전해 주자.

퍼스널리티

> 행동 방식과 사고방식, 감정을 느끼는 방법 등 '그 사람다움'을 통합한 총체로, '인격' 혹은 '성격'을 말한다.

퍼스널리티personality는 '밝다, 얌전하다, 활동적이다' 등의 말로 표현된다. 퍼스널리티에는 '자신이 주위 환경에 어떻게 관여하는가' 하는 능동적인 측면과 '주변 사람으로부터 어떻게 보여지는가'라는 수동적인 측면이 있다. 사물을 어떻게 느끼고 생각하고 행동하는지에 그 사람의 퍼스널리티가 반영된다. 퍼스널리티는 유전과 환경의 영향을 받아 만들어진다. 그 사람다움이 유지되는 부분도 있고, 무언가를 경험함으로써 바뀌는 부분도 있다. 퍼스널리티가 안정된 사람도 있고 변화가 큰 사람도 있다.

→ 불안과 스트레스가 쌓이지 않도록 고령자 씨의 퍼스널리티를 의식적으로 바꾸어 건강한 생활을 하도록 돕는 것도 한 가지 방법이다.

심리 사회적 발달 이론

> 인생에는 8단계가 있다고 상정한 후 각 단계의 심리적 갈등을 극복하여 강해진다는 이론.

미국의 정신 분석학자 에릭 에릭슨^{Erik Homburger Erikson}이 제창한 '심리 사회적 발달 이론'에서는 인생을 탄생에서 노년기까지 8단계의 라이프 사이클로 파악하고, 각각의 발달 단계에서 극복해야 하는 발달 과제를 상정하고 있다. 각 단계는 ①영아기 ②유아기 ③초기 아동기 ④후기 아동기 ⑤청소년기 ⑥성인기 ⑦중년기 ⑧노년기로 나뉜다.

이중에서 고령자 씨와 관련된 발달 단계는 마지막 8단계의 노년기다. 여기서 발달 과제는 '통합성과 절망, 혐오'라고 되어 있다. 스스로의 인생을 돌이켜 보고 부정적인 체험마저 무언가 의미가 있었다고 되새김으로써 자신이 살아온 삶의 의미를 긍정한다.

나아가 장래의 죽음도 수용하는 것이 과제가 된다. 노년기에는 삶과 죽음을 통합하려고 하는 한편, 죽음을 받아들여야만 하는 절망감을 체험한다. 바로 거기에서 현재 자신이 할 수 있는 것을 긍정적으로 생각하는 것이 중요하다.

지금은 80대, 90대까지 사는 고령자 씨가 증가했다. 에릭슨은 후에 그 사람들을 대상으로 한 9단계를 추가했다. 이 단계

심리 사회적 발달 이론의 각 단계별 발달 과제

	1	2	3	4	5	6	7	8
노년기								통합성 vs. 절망, 혐오
중년기							세대성 vs. 정체	
성인기						친밀성 vs. 고립		
청소년기					정체성 vs. 정체성 혼란			
후기 아동기				근면성 vs. 열등감				
초기 아동기			자주성 vs. 죄악감					
유아기		자율성 vs. 수치, 의혹						
영아기	기본적 신뢰 vs. 기본적 불신							

출처: Erikson & Erikson. 1997/2001.

에서는 많은 사람이 자립 생활이 어려워지고 가까운 사람들과 사별하는데, 여기에 잘 대처하기 위해서는 주위 사람들에 대한 신뢰가 중요한 것으로 보았다.

→ 인생을 후회만 하는 고령자 씨에게는 지나온 삶을 다시 바라보도록 하는 등의 심리적 케어를 해 주는 것이 좋다.

긍정적 감정·부정적 감정

전자는 활동적이고 생생한 감정을 말한다. 후자는 기운이 없고 소극적이며 부정적인 감정이다.

긍정적 감정이란 행복, 기쁨, 만족, 흥미, 애정 등 행복감과 관련된 감정을 가리킨다. 반면에 부정적 감정이란 분노, 슬픔, 두려움, 불안, 죄악감 등에 관한 감정이다. 지금까지는 주로 부정적 감정에 대한 연구가 이루어졌다. 부정적 감정이 긍정적 감정보다 심신의 건강과 행복감에 미치는 영향이 크다는 이유에서였다.

최근에는 관대함과 낙관 등 긍정적 감정의 연구 보고가 늘고 있다. 그러한 연구에 따르면 긍정적 감정은 흥분과 긴장감을 억제할 뿐 아니라 창조적인 사고를 활성화시킨다. 설령 역경에 처하더라도 긍정적인 행동을 이끌어 낸다는 것이 밝혀졌다.

고령자 씨가 되면 친한 사람과의 사별 등 상실감을 경험하는 일이 많아진다. 그렇다고 해서 부정적 감정을 갖기 쉬운가 하면 그런 것만도 아니다. 25~74세의 성인을 대상으로 한 연구에서 긍정적 감정은 나이가 많을수록 증가하는 경향이 있으며 부정적 감정은 나이에 따른 차이가 없다는 결과가 나왔다. 고령자 씨의 감정은 부정적 감정보다 긍정적 감정이 더 많은 것으로 알려져 있다. 이는 사회 정서적 선택성 이론으로 설명이 가능하다.

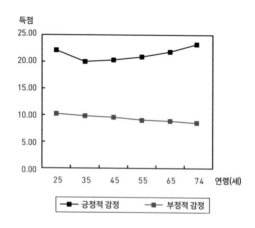

연령에 따른 긍정적 감정과 부정적 감정 비교

출처: 〈Mroczek & Kolarz, 1998〉의 그래프를 수정해 사용함.

야마자키 카츠유키, 2006, ポジティブ感情の役割ーその現象と機序 パーソナリティ研究, 14(3), 305-321.

→ 고령자 씨는 남에게 도움이 되고 있다는 실감이 없어지면 부정적 감정이 늘어날 수 있다. 간단하면서 무리가 되지 않는 일을 부탁해 고령자 씨의 도움이 필요하다는 것을 느낄 수 있도록 하자.

3부

도무지
이해가 안 되는
고령자 씨의 말과
행동들

4장 아무리 말려도 왜 운전대를 놓지 않을까

운전을 통해 자신의 가치를 재확인할 수 있다고 믿는다

주위에서 아무리 말려도 '아직 나는 괜찮아'라며 운전을 그만두지 않는 고령자 씨가 있습니다. 본인은 몸의 쇠퇴를 어떻게 느끼고 있을까요? 면허 반납을 받아들이도록 하기 위해서 어떻게 해야 할까요?

요즘 고령 운전자의 교통사고가 늘어나는 것이 문제가 되고 있습니다. 왜 사고가 계속 증가하기만 하는 걸까요? 그것은 고령 운전자가 자신의 운전 능력 저하를 깨닫지 못하고 운전을 계속하는 것에서 기인합니다. 면허증 갱신 시 70세 이상의 고령 운전자에게는 고령자 강습, 75세 이상에게는 인지 기능 검사가 의무화되어 있습니다.(옮긴이 주: 우리나라의 경우 만 65세 이상이 되면 면허 갱신을 위한 고령 운전자 교통 안전 교육 등을 이수해야 하며, 만 75세 이상 운전자는 인지 기능 검사와 교통 안전 교육을 필수로 받아야 한다.) 이는 운전 능력의 적응을 판단함과 동시에 고령 운전자에게 자신의 신체 능력 저하를 인식시키기 위함입니다.

고령 운전자는 자신의 위험성을 깨닫지 못하고 '나는 아직 운전이 가능하다', '나는 운전을 잘하는 무사고 무위반 경력의 베스트 드라이버다', '나는 유능하다'고 하는 자기 인식을 가지고 있습니다. 스스로를 객관적으로 보지 못하고 자신을 높게 인식하는 자기 유능감이 강한 것입니다.

운전 능력은 그대로여도 인지 능력이 저하한다

우리는 차를 운전할 때 '커브를 돌 때는 핸들을 왼쪽으로 30도 돌린다' 혹은 '핸들을 틀기 전에 살짝 브레이크를 밟는다' 등을 생각하면서 하지 않습니다. 자동차 운전 자체가 운동 기능의 기초가 되는 절차 기억에 의한 것이기 때문입니다. 절차 기억이란 무의식적인 잠재 기억을 말하며 한번 몸에 배면 잊히지 않습니다. 소위 '몸이 기억'하고 있는 것입니다.

곤란한 작업이나 새로운 과제를 할 때 그에 대응하고자 두 뇌가 활발히 활동을 합니다. 그리고 뇌는 같은 동작을 반복하는 사이에 효율이 좋은 작업 방식을 축적합니다. 이러한 축적이 수십 년 동안 계속되면 그 분야의 전문가가 되는 것입니다. 예를 들어 숙련된 장인은 고령이어도 전문성이 높은 작업을 반복해서 수행합니다. 이는 지금까지 경험해 온 것이 현재의 행동에 영향을 주는 숙달화에 의한 것입니다. 고령이 되어도 그동안 축적된 경험이 있기에 전문 지식을 빠르게 처리해 이용하는 힘이 저하되지 않는다는 것을 보여 줍니다. 예를 들어 택시 운전사는 충분한 운전 경험에 의한 숙달화를 자기 일에 활용한다고 말할 수 있을 것입니다.

고령자 씨의 교통사고 중 대부분은 자동차 운전을 잊는 것과 같은 기억에 관한 것이라기보다 나이가 들면서 인지 능력의 분배와 순간적인 판단 속도가 떨어지는 것에 원인이 있습니다. 또한 최근의 연구에서는 뇌 백질 병변에 의해 신경 전달 속도의 저하가 일어나 교차로 등에서 발생하는 돌발적인 상황에 순간적으로 반응하는 것이 늦어진다고 보기도 합니다(본인도 주위도 자각하지 못하는 경우가 많고, 인지 능력이 정상인 경우가 많다).

나이가 들면 정보 처리 속도가 떨어져서 일정 시간에 처리할 수 있는 정보의 양이 줄어듭니다. 그렇기 때문에 여러 가지 정보 처리를 동시에 진행해야 하는 운전에서는 보행자에게 신경을 쓰거나 다른 자동차에 주의를 기울일 여유가 없어져서 교통사고로 이어지게 되는 것입니다.

일본 경시청의 '2019년 교통 사망 사고의 발생 상황에 대하여' 통계에 의하면, 2019년에 발생한 75세 이상의 고령 운전자에 의한 사망 사고는 358건이었습니다. 가장 많은 원인이 운전 미숙'으로 30%였고, 두 번째로 많은 것이 '안전 미확인'과 '내재적 전방 부주의(태만 운전 등)'로 각각 19%였습니다. '외재적 전방 부주의(한눈 팔기 등)'는 10%, '판단 미스'가 7% 순으로 그 뒤를 잇고 있습니다. 이 결과에서 가장 많은 '운전 미숙'은 핸들 과조작, 브레이크와 액셀을 혼동하여 밟은 것에 의한 것으로 75세 이상이 되면 인지 능력의 분배와 순간적 판단이 저하된다는 것을 알 수 있습니다.

운전할 때 자기 효능감을 느낀다

그런데도 고령자 씨가 운전을 그만두지 않는 것에는 자기 효능감(자기가 생각한 것이 뜻대로 되는 감각)이 관련되어 있습니다. 최근에는 일상의 거의 모든 분야에서 디지털화가 진행되어 평상시에 고령자 씨가 자기 효능감을 느낄 수 있는 기회가 줄어들고 있습니다. 매일 외출한 김에 장 보는 것을 낙으로 삼고 있는 고령자 씨도 많을 텐데, 코로나19 팬데믹 이후 고객이 스스로 조작하는 셀프 계산대를 도입한 점포가 늘어나면서 이를 잘 사용하지 못하는 고령자 씨가 점원을 부르는 경우도 늘고 있습니다.

고령이 되면 체력이 떨어지고 외출하는 것도 힘이 듭니다. 전철을 타는 것도 승차권 발매기와 자동 개찰구 등의 사용법을 알지 못해 역무원에게 하나하나 물어봐야만 하는 경우도 있습니다. 자동차를 이용하면 자기가 원하는 대로 운전을 할 수 있고 어디든 갈 수 있습니다. 곧 자동차를 운전하는 것은 자기 효능감을 느낄 수 있는 몇 안 되는 기회인 것입니다. 그 외에도 자동차는 사람의 세 번째 공간, 즉 집과 직장 이외에 편하게 있을 수 있는 장소라는 점 또한 영향을 주고 있습니다 (자동차 제조사도 이 사실을 염두에 두고 개발한다).

일본 경시청의 '운전면허증 자진 반납에 관한 설문 조사 결과'에 의하면 2015년 10월 5일~11월 30일에 전국에서 운전면허증을 갱신한 75세 이상 운전자 1494명 중 '자진 반납할 생각을 한 적 없다'라고 답한 사람은 67.3%에 달해, 70%가량의 고령자 씨는 면허증 반납을 생각하고 있지 않은 것으로 나타났습니다. 자기 효능감을 버리는 것이 고령자 씨에게 얼마나 저항감이 높은지 알 수 있습니다.

이를 고려하여 '역시 운전은 위험하다', '부모님이 운전을 그만두었으면 좋겠다'고 생각한다면, 예를 들어 집의 벽에 차를 긁는 사고 등 고령자 씨 스스로 운전에 불안함을 느끼는 순간이 있을 때 가족끼리 이야기하는 것이 효과적입니다. 다만 그 때도 가족은 고령자 씨 본인을 공격하거나 능력의 저하를 인정하게 하는 말과 행동을 삼가야 합니다. 중요한 것은 '운전을 그만둬야겠다', '운전은 이제 하지 않아도 괜찮지 않을까'라고 고령자 씨 본인이 자발적으로 운전을 그만두는 방향으로 이야기를 이끄는 것입니다.

운전을 그만두는 대신 취미와 자치회 활동, 봉사 활동 등 고령자 씨 본인의 흥미를 끌 수 있는 활동이 있다면 거기에서 '자기 효능감'을 가질 수 있도록, 그러한 활동으로 잘 이끌어 줍시다. 또한 운전을 하지 않아도 이동이 불편하지 않도록 이동 수단에 대해서도 가족끼리 대화하면서 운전면허증 반납 방법을 생각해 주는 것도 하나의 방법입니다.

'자기 효능감'에 관한 키워드

자존감

> 자신이 가치 있다고 느끼는 것. 또는 자신의 가치에 대한 자기 평가.

자존감은 '나는 특별하고 가치 있는 인간이다'라고 생각하는 감정을 말한다. 이 감정은 인생의 여러 장면에서 자신의 말과 행동, 사물에 대한 판단에 영향을 미친다. 자존감이 높으면 '나는 이대로 충분해'라고 스스로를 긍정적으로 받아들일 수 있는 반면, 이것이 낮으면 자신감이 없고 부정적인 사고를 가지게 된다. 그러나 자존감이 너무 높아도 문제가 된다. '나는 훌륭하다. 누구에게도 뒤지지 않는다'라고 생각하면서 실패를 인정하지 않고 다른 사람의 탓으로 돌리기 때문에, 주위 사람들로부터 거만하다는 말을 들을 수 있다. 자존감이 적당한 수준으로 높아야 여러 일을 순조롭게 처리하고 대인 관계도 안정된다.

→ 자존감이 지나치게 높은 고령자 씨를 대할 때에는 그의 자존감을 해치지 않는 선에서 '원래 이런 사람이지' 하는 마음으로 대하면 그 언동에 휘둘리지 않을 수 있다.

자기 평가

스스로 자신이 어떠한 인물인지 주관적으로 바라보았을 때의 평가.

자기 평가는 높은 사람도 있고 낮은 사람도 있지만, 항상 일정한 것은 아니며 인생 경험을 쌓으면서 변하는 경우도 있다. 자신의 주관이 근거이기 때문에 다른 사람의 객관적인 평가와 잘 맞지 않는 경우도 적지 않다. 정신 상태에 의해 좌우되기도 쉬운데, 정신 상태가 양호하면 자기 평가가 높아지는 반면 우울한 사람은 낮아진다. 자기 평가가 높은 사람은 자신이 있기 때문에 망설임 없이 행동하며 일과 가사 등에도 적극적으로 임하지만, 자기 평가가 낮은 사람은 실패를 겁내어 우물쭈물하기 쉽다. 자기 평가를 높이기 위해서는 '그래도 중간까지는 잘 왔다, 정말 잘했다'고 자신을 칭찬하는 방법이 있다.

→ 가족이 보면 위험하게 느껴지는 행위도 고령자 씨는 '나는 괜찮아'라고 자기 평가를 하는 경우가 있다. 그만두게 하고 싶다면 자기 평가를 떨어뜨리지 않는 대화를 하도록 주의하자.

자기 효능감

무언가를 하는 경우에 그것을 적절히 실행할 수 있다고 자신하거나 확신이 있는 것.

어떤 과제를 수행할 때 '나에게는 그것을 잘할 수 있는 능력이 있다', '내가 하면 좋은 결과가 나온다'고 생각하는 것을 말한다.

자기 효능감이 높은 사람은 매사에 적극적이고, 곤란한 문제도 포기하지 않고 도전하며, 설령 실패하더라도 회복이 빠르다. 반대로 자기 효능감이 낮은 사람은 능력이 있더라도 행동을 하기 전부터 '안 될 게 뻔해. 아마 실패할 거야' 하는 생각부터 든다. 자기 효능감을 높이기 위해서는 과거에 목표를 달성했던 경험을 떠올리거나 다른 사람으로부터 능력을 인정받는 것이 효과적이다.

→ 자기 효능감이 높은 고령자 씨는, 예를 들어 저염 식단을 권했을 때 '난 해낼 수 있어' 하고 적극적으로 임할 수 있다. 목표 달성에는 자기 효능감을 잘 이용하면 좋다.

자기 부정

> 자기에게는 능력도, 가치도 없다고 여기며 살아 있는 것을 부정해 버리는 것.

'어차피 잘 안 돼', '나 따위는 글렀어' 하면서 자기 부정을 하기 쉬운 사람은 스스로에게 자신이 없고 콤플렉스를 가지고 있다. 잘 안 되는 일이 있으면 '내가 나쁜 거야'라고 자신을 탓한다. 자기와 타인을 비교하고 부정적인 감정을 갖기 쉽다. 뛰어난 사람을 보면 더욱 부정적인 기분이 되어 버리므로 행복감도 계속 낮은 상태다.

부정적인 감정을 끊어 내기 위해서는 자신의 장점을 찾아서 그쪽으로 주의를 돌려야 한다. 자기 전에 하루를 되돌아보고 자신을 칭찬해 보는 것도 좋다. 자기를 긍정하면 자신감으로 이어진다. 긍정적인 사람과 어울리는 것도 하나의 좋은 방법이다.

→ 나이가 들면서 잘 안 풀리는 일이 늘어나는 경우가 있다. 그래도 고령자 씨가 부정적인 기분에 사로잡히지 않고 자신을 긍정할 수 있도록 신경을 쓰자.

유효 시야

눈에 들어오는 시야의 중심을 주시할 때 그 주변에서 의식할 수 있는 범위.

유효 시야란 눈에 들어오는 것 중에서 주의를 기울일 수 있는 범위를 가리킨다. 단순히 무언가가 보이는 범위를 말하는 것이 아니다. 유효 시야는 나이가 들면서 변화한다. 고령자 씨와 젊은이를 비교하면, 고령자 씨는 중심시中心視와 주변시周邊視(시선을 보내는 망막의 중심으로 보는 것을 중심시라 하고, 그 주변으로 보는 것을 주변시라 한다)를 동시에 사용하는 경우 주변시에 대한 반응이 현저하게 늦어진다. 사람이 정보 처리에 사용할 수 있는 뇌 자원의 양은 나이를 먹어도 크게 변하지 않는다고 알려져 있으나, 뇌의 정보 처리 속도가 느려지기 때문에 일정 시간에 처리할 수 있는 정보량이 감소한다. 주변시에 주의를 기울일 여유가 남지 않기에 반응이 늦어지는 것으로 보인다.

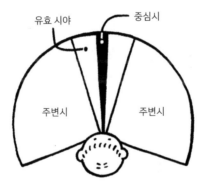

유효 시야   중심시

주변시   주변시

→ 나이가 들면서 주위에 대한 주의력이 저하하기 때문에 고령자 씨는 자동차 운전에 주의가 필요하다. 면허증 반납도 고려하도록 하자.

분배적 주의

복수의 일에 대해 동시에 주의를 기울이는 것을 말하며 무의식적으로 행해진다.

사람은 선택적 주의를 작동시켜서 특정한 일에 주의를 집중하나, 그뿐 아니라 여러 방향으로도 동시에 의식을 나누어 안배하는 분배적 주의도 작동시키고 있다. 예를 들어 누군가와 만날 약속 장소에 도착했다고 치자. 상대방의 특징을 떠올리며 많은 사람의 얼굴을 보면서 찾는 행위는 물론이고, 주위 사람들의 움직임에 맞추어 부딪히지 않도록 움직이는 행위라는 두 가지 일을 동시에 하면서 무의식적으로 여러 방향으로 주의를 분할한다. 나이가 들면 분배적 주의가 저하하지만, 익숙해진 일에는 그 영향이 적다는 특징을 보인다.

→ 고령자 씨는 익숙해진 일과 경험을 쌓은 일에는 어려움 없이 분배적 주의를 작동시킨다. 또한 새로운 일이라도 훈련을 하면 분배적 주의를 작동시킬 수 있다.

선택적 주의

여러 정보가 난무하는 가운데 목적에 맞는 정보를 무의식적으로 선택하여 받아들이는 것.

주변의 다양한 정보 중에서 사람은 눈과 귀 등을 사용하여 필요한 정보를 무의식적으로 선택해 받아들이고 있다. 필요하지 않은 정보를 무시하고, 필요한 정보만을 받아들이는 정보 선택의 작용을 선택적 주의라고 한다.

선택적 주의를 실감하기 쉬운 것은 시각이다. 예를 들어 다음 그림과 같이 'T'와 'Q'가 나열된 가운데 'O'를 찾는 실험을 하면, T 속에서 찾는 것은 쉽지만 Q 속에서 찾는 것은 시간이 걸린다. 주위의 것과 구별하기 쉬운지 여부가 반응 시간에 영향을 준다는 걸 알 수 있다.

선택적 주의는 나이에 따른 영향도 받기 쉽다. 전술한 실험에서는 '형태'에만 주목하면 찾을 수 있었지만, 다음에는 '색'과 '모양'이라고 하는 두 가지의 시점에서 찾는 실험을 실시했

```
T  T  T  T  T          Q  Q  Q  Q  Q
T  T  T  T  T          Q  Q  Q  Q  Q
T  T  T  T  T          Q  Q  Q  Q  Q
T  T  T  T  T          Q  Q  Q  Q  Q
T  T  T  T  T          Q  Q  Q  Q  Q
T  T  T  T  T          Q  O  Q  Q  Q
T  T  O  T  T          Q  Q  Q  Q  Q
T  T  T  T  T          Q  Q  Q  Q  Q
```

시각에 의한 탐색 과제의 예

출처: Rogers, W.A. 2000 Attention and aging. In D. Park & N. Schwarz(Eds).
Cognitive aging: A Primer. New York: Psychology Press. pp.57-73.

다. '붉은색 T'와 '녹색 O'가 한 면에 늘어서 있는 가운데, 딱 하나 있는 '녹색 T'를 찾는 과제에서는 고령자 씨가 젊은이에 비해 찾는 시간이 오래 걸렸다.

그러나 시각으로 탐색할 때 경험이 풍부하고 이러한 일에 익숙한 사람이라면 나이에 따른 영향을 적게 받을 수도 있다. 예를 들어 중년과 노년의 의료 기술자를 대상으로 한 실험 중 X선 사진에서 악성 종양을 찾는 과제에서는 젊은이에 뒤떨어지지 않는 결과가 나왔다. 지금껏 축적해 온 경험이 도움이 되어 주목해야 하는 장소에 정확하게 주의를 기울일 수 있었기 때문이다.

→ 선택적 주의는 노화에 의해 저하될 수 있다. 경험을 쌓은 일에서는 어느 정도 커버할 수 있지만 과신하는 것은 피하도록 하자.

절차 기억

자동차 운전이나 피아노 연주 등 의식하지 않아도 할 수 있는 운동에 관한 기억.

절차 기억은 운동 기능의 기초가 되는 기억이다. 한자를 외우거나 일어난 일을 기억하는 것과는 달리, 습득하는 데 시간이 걸리지만 한번 익히면 쉽게 잊어버리지 않는다. 자전거 타는 방법과 타자 치기 등도 절차 기억으로, 내용을 말로 설명하기는 어렵지만 실제로 그 운동을 할 때는 무의식적으로 실행할 수 있다.

절차 기억은 고령이 되어도 거의 저하되지 않고 유지된다. 예를 들어 고령자 씨가 대형 마트에 장을 보러 갔을 때 자동차를 주차장 어디에 주차했는지 잊는 일은 있어도 운전 방법 자체를 갑자기 잊어버리는 일은 없다.

→ 절차 기억인 자동차 운전은 고령자가 되어도 할 수 있지만 주의력과 신체 기능은 떨어진다. 고령자 씨 스스로가 그것을 자각하도록 하는 것이 중요하다.

프라이밍

먼저 받은 자극에 의해서 그 후의 행동이 무의식적으로 영향을 받는 것을 뜻한다.

어떤 정보를 한번 접하면 다음에 같은 정보를 접했을 때 정보 처리에 드는 노력이 경감하는 현상이다. 예를 들어 글 속에서 몇 번이고 '브로콜리'라는 말이 나온 경우, 처음에는 읽어도 의미를 이해하는 데 번거롭고 다소 시간이 걸리지만 다음에 나왔을 때에는 프라이밍에 의해 뇌의 처리가 빨라진다. 만약 '브로콜리'라고 틀리게 쓰여 있더라도 선행하는 기억이 무의식적으로 영향을 주어 바르게 인식할 수 있다. 또한 프라이밍은 노화의 영향을 잘 받지 않기 때문에, 숙련된 늙은 장인이 작업을 행할 때 초보자와 비교하면 뇌 활동량은 비록 작더라도 작업에는 큰 지장이 없다.

→ 전문 분야에 숙련된 고령자 씨에게는 그 경험을 살릴 수 있는 작업을 맡기면 높은 수준의 활약을 기대할 수 있다.

숙련화

> 장기간의 경험과 실천을 통해 지식과 기능을 습득하고 능력을 갖추어 나가는 방식.

긴 인생을 거쳐 온 고령자 씨는 여러 경험을 통해 문제를 해결하거나 무언가를 결정하기 위해 풍부한 지식과 기능을 쌓아 왔다. 이들을 능숙하게 사용하여 젊은이가 행하는 정보 처리 과정을 부분적으로 생략할 수 있다. 따라서 숙련화된 고령자 씨는 재빠른 판단과 행동이 요구되는 상황에서 젊은 시절과 같은 수준을 계속 유지해 나갈 수 있다. 노화로 인한 인지 기능 저하가 있어도 지금까지의 경험과 지식으로 보완하는 것이다.

숙련화 조사 연구를 위해 숙련된 고령자 타자수와 젊은 타자수를 대상으로 과제문을 타자기로 치는 실험이 실시되었다.[*] 고령자 타자수는 정보 처리의 속도 면에서는 반응이 느려지는 것이 관찰되었으나 타이핑 과제 성적은 젊은 타자수와 비교하여 차이가 없었다. 고령자 타자수는 타자를 치면서 '다음 문장을 보는' 방법을 사용하여 젊은이와 동일한 수준으로 작업할 수 있었던 것이다.

경험을 쌓은 고령자 씨는 숙련화되어 있기 때문에 나이가 들면서 인지 기능이 저하되어도 이를 잘 보완하면서 높은 수준을 유지한다.

→ 고령자 씨에게는 긴 인생 속에서 길러 온 자신 있는 분야가 있다. 무리하지 않는 범위에서 고령자 씨의 특기 분야를 살려서 삶의 보람을 가질 수 있도록 하는 것이 바람직하다.

● Salthouse, T. A., 1984, Effects of age and skill in typing. Journal of Experimental Psychology: General, 113(3), 345-371.

5장

이렇게 의심스러운데 왜 사기를 당할까

'도움'이 되고 싶은 선량함을 악용하는 범죄가 늘고 있다

매년 고령자 씨에게 거액의 돈을 갈취하는 사건이 벌어집니다. 경찰도 늘 주의를 기울이지만 수법도 계속 진화해 술래잡기가 지속되고 있습니다. 이러한 사기가 있다는 것을 알면서도 속는 이유와 그 방어책은 무엇일까요?

고령자 씨를 노리는 악질적인 사기 사건이 끊이지 않습니다. 불특정 다수의 사람을 속여 현금 등을 빼앗는 사기를 '특수 사기'라고 하는데, 일본 경찰청의 '2021년도 특수 사기 인지 및 검거 상황 등에 대하여'에 따르면 2021년에 일어난 특수 사기는 전국에서 1만 4461건입니다. 1건당 피해액은 평균적으로 199.8만 엔에 달합니다.

특수 사기에는 어떤 수법이 있을까요? 예전부터 문제가 되고 있는 것이 보이스 피싱 사기입니다. 자식이나 손자를 사칭

한 범인이 고령자 씨에게 전화를 걸어서 '회삿돈에 손을 대 버렸다', '일하면서 수금한 돈을 잃어버렸다'고 말합니다. 고령자 씨는 전화를 건 인물의 지시에 따라 돈을 입금하거나 돈을 받으러 온 사람에게 직접 돈을 전달하거나 하여 돈을 편취당하는 것입니다. 보이스 피싱은 2021년에 일어난 특수 사기의 21.3%를 차지합니다.

2021년이 되어 급증한 것은 환급금 사기입니다. 피해 건수는 특수 사기의 27.7%에 달합니다. 환급금 사기는 '의료비의 환급금을 받을 수 있다', '미지급 연금이 있다'는 등의 전화 안내 후 현금 자동 지급기^{ATM}를 찾아가라고 합니다. 전화의 지시

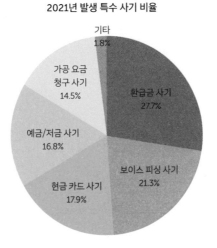

2021년 발생 특수 사기 비율

기타
1.8%

가공 요금
청구 사기
14.5%

환급금 사기
27.7%

예금/저금 사기
16.8%

보이스 피싱 사기
21.3%

현금 카드 사기
17.9%

출처: 일본 경찰청 '2021년도 특수 사기 인지 및 검거 상황 등에 대하여'를 기초로 작성함.

에 따라 범인의 계좌에 돈을 입금하도록 유도하는 사기입니다. 코로나19 팬데믹으로 인해 의료비에 대한 관심이 높아지면서 이러한 환급금 사기가 증가한 것으로 보입니다.

특수 사기 피해를 당하는 것은 남성보다 여성이 압도적으로 많은데, 예를 들어 보이스 피싱 사기를 살펴보면 피해자는 여성이 81.7%, 남성이 18.3%입니다. 연령별로 나누어 보면 70대에서 80대 사이 고령자 씨의 피해가 눈에 띕니다. 언제 여러분의 부모님이 표적이 되어도 이상하지 않은 상태라고 할 수 있습니다.

보이스 피싱 사기 피해자의 연령

연령	남	여
19세 이하	0.0%	0.0%
20~29세	0.2%	0.4%
30~39세	0.3%	0.7%
40~49세	0.2%	0.7%
50~59세	0.2%	1.0%
60~64세	0.4%	0.5%
65~69세	0.3%	1.9%
70~79세	4.3%	26.1%
80~89세	10.8%	47.2%
90~99세	1.6%	3.2%
100세 이상	0.0%	0.0%
합계	18.3%	81.7%

출처: 일본 경찰청 '2021년도 특수 사기 인지 및 검거 상황 등에 대하여'를 기초로 작성함.

고령자 씨가 잘 속는 세 가지 이유

특수 사기는 TV와 신문에서도 반복적으로 보도되는데 왜 속는 걸까요? 이유는 세 가지입니다. 첫 번째로 고령자 씨에게는 '도움이 되고 싶다'는 생각이 있기 때문입니다. 일과 육아가 끝난 고령자 씨는 자신이 가족과 사회에 힘이 되고 있다는 실감을 하기 어렵습니다. 그래도 부모로서 자식들의 일에 신경을 쓰고 행복을 바라는 마음은 변함없습니다. 그런 부모의 마음을 악용하는 것이 바로 보이스 피싱 사기입니다. '돈을 내주는 것 말고는 도울 수 있는 게 없다', '힘들어하는 우리 아이를 구하고 싶다'는 부모의 마음을 이용하는 범죄입니다.

두 번째 이유는 고령자 씨가 '이득을 본다'는 말에 약하다는 것입니다. 사회에서 활약하는 자식 세대와 달리, 고령자 씨의 대부분은 연금 생활을 하고 있습니다. 일을 해서 수입을 얻는 것은 어렵기 때문에 다른 방법으로 조금이라도 저축을 늘리고 싶어 합니다. 그렇기 때문에 '돈을 받을 수 있다'는 이야기를 들으면 솔깃하게 되는 것입니다.

예를 들어 고령자 씨가 '환급금을 받을 수 있다'는 이야기에 왜 속기 쉬운가 하면, 범죄에 말려들었다 하더라도 '이건 범죄가 아니야, 정상 범위 내의 이야기다'라고 인식하기 쉬운 사고를 하고 있기 때문입니다. 수상한 이야기라도 '이 이야기는 문제없어, 괜찮아'라고 생각하면서 상대를 덜컥 믿어 버리는 것입니다. 또한 조금만 생각해 보면 알 수 있는 거짓말도 눈치를 채지 못하는 것은 인지 기능 저하가 한 요인입니다. 이리저리 복잡하게 얽힌 이야기를 이해하거나 까다로운 계산을 하는 것에 어려움을 느끼기 때문이기도 합니다. 더욱이 '오늘 안에'라던가 '비밀로 해 줘'라는 등 절박함이 담긴 문구가 교묘하게 섞여 있으면 초조한 마음에 깊이 생각하지 못하게 되는 것도 관련이 있습니다.

세 번째 이유는 '나는 성격이 똑 부러지고 의심이 많으니까 괜찮다'라는 자신감 과잉입니다. 일본 경찰청의 '보이스 피싱 사기 피해자 조사 개요에 대해서'에서는 2018년에 실제로 돈을 편취당한 사람들에게 설문 조사를 실시했는데, 78.2%가 '나는 피해를 입지 않을 줄 알았다'고 응답했습니다. 그 이유로 '나는 속아 넘어가지 않을 것이라는 자신이 있었기 때문에 (가족의 목소리와 거짓말을 구분할 수 있다는 자신이 있었다)', '나와는 관계없는 일이라고 생각했었기 때문에' 등이 제시되고 있습니다. 반대로 보이스 피싱 사기 도중에 이를 간파한 사람들은 '나는 피해를 입지 않을 줄 알았다'라고 대답한 비중이 56.8% 밖에 되지 않았습니다. 스스로를 과신하지 않는 것이 피해를 막은 것입니다.

부모 자식 간 소통과 지역 연계를 긴밀하게

부모님이 특수 사기에 속지 않으려면 '보이스 피싱 조심해요'라고 말만 해서는 그다지 효과가 없습니다. 그보다 어떤 사정이 있더라도 돈을 요구하는 전화가 오면 일단 끊고 반드시 본인에게 전화를 다시 걸어서 확인하는 걸 원칙으로 하는 등 속지 않기 위한 시스템을 만들어 놓는 것이 효과적입니다. 평소에도 사소하게나마 전화나 이메일, 문자 메시지로 연락을 주고받는 부모 자식 관계가 형성되어 있다면 이상한 전화를 받아도 '먼저 자식들과 상담을 해 봐야겠다'고 생각할 수 있기 때문에 피해를 방지할 수 있습니다.

그 외에도 고령자 씨가 속임수에 당하지 않도록 특수 사기를 막기 위한 대책이 전국에서 실시되고 있습니다. 대부분의 금융 기관에서는 포스터 등으로 주의를 환기하고, ATM 기기를 통해 거액의 돈을 입금할 수 없도록 하거나, 1일 출금액을 20만 엔까지로 제한하고 있습니다. 택배업체와 우체국, 편의점 등에서 피해 금품이 들어 있는 것으로 보이는 의심스러운 소포가 접수되면 경찰에 신고하도록 하는 시스템도 만들어져 있습니다. 또한 편의점과 슈퍼 등에서는 통화를 하면서 ATM 기기를 사용하는 고령자 씨에게 말을 걸어 보도록 하는 움직임도 확산되고 있습니다.

이러한 대책에도 불구하고 여전히 피해가 끊이지 않고 있습니다. 지역 사회 전체가 '남의 일이 아니다. 모두가 조심해서 안심하며 살 수 있는 동네로 만들자'고 생각할 필요가 있습니다. 이러한 주민 간의 연대가 사기 피해를 미연에 방지할 것입니다.

'잘 속는 심리'에 관한 키워드

정상화 편향

> 어느 범위까지의 이상함은 이상하다고 느끼지 않고 정상 범위로 인식하는 마음의 메커니즘.

정상화 편향normalcy bias(정상성 바이어스)은 다소 이상한 사태가 일어나도 그것을 정상이라고 생각하여 평상심을 유지하려고 하는 마음의 작용을 말한다. 여기서 바이어스란 선입관, 편향, 편견이라는 뜻이다. 일상생활에서 일어나는 변화와 새로운 사건을 필요 이상으로 두려워하거나 불안해하지 않기 위해서 필요한 작용이라고 할 수 있다. 그러나 재해가 일어나서 진짜로 위험이 닥쳤을 때 정상화 편향이 작동해 버리면 '아직 괜찮다', '전에는 괜찮았으니까'라는 잘못된 생각으로 이어져 피난이 늦어진다. 이상 사태가 발생했을 때는 사태를 너무 낙관적으로만 보려고 하지 말고 현실을 받아들이고 행동하는 것이 필요하다.

→ 정상화 편향으로 인해 '나는 괜찮다'는 생각을 가진 고령자 씨는 정확한 판단을 하지 못할 가능성이 있다. 사기에 당하기 쉬운 타입이므

로 주의가 필요하다.

부모로서의 자존감

> 자신에게는 부모로서의 가치가 있고 자식에게 있어 둘도 없는 존재라
> 고 생각하는 것.

부모는 몇 살이 되어도 자식에 관해서는 '부모로서 인정받고 있다'는 자존감을 가지고 있다. 나이를 먹어 허리도 다리도 약해지고 인지 능력이 떨어져도, 자식은 부모의 자존감을 해치지 않도록 주의하며 대하는 것이 중요하다.

예를 들어 부모의 말을 부정하지 말고 왜 그렇게 생각하는지 이유를 물은 후 '그러셨군요'라고 덧붙인다. 또 빨래를 개거나 꽃에 물을 주는 등의 간단한 일을 맡기고는 '정말 고마워요, 큰 도움이 되었어요'라고 감사의 말을 전하는 것도 효과적이다. 남이 자신에게 의지하는 것으로도 부모는 자존감을 높일 수 있다.

→ 이러한 '의지가 되어 주고 싶은 마음'을 이용하는 것이 사기의 수법이다. 부모님의 자존감을 배려하면서 자식이 여러 방법으로 부모님의 방어책을 만들어 주는 것이 중요하다.

휴리스틱 사고

> 자신의 경험칙과 감에 근거해 문제를 해결하고자 하는 사고방식.

정보의 양이 많고 복잡한 상황에서는 어떤 결정을 하는 데 시간과 노력이 든다. 그러한 상황에서 확실하다고까지는 할 수 없어도 경험칙이나 감을 근거로 대강 잘될 것 같은 방법을 사용해서 결정하려는 경향이 있는데, 이를 휴리스틱heuristic 사고라고 한다.

구체적인 예를 들자면 대형 TV를 구입하려고 할 때 신뢰하는 브랜드의 제품이니까 고른다거나 점원의 설명을 믿을 수 있을 것 같아서 등의 이유로 특정 제품을 선택하는 의사 결정이 바로 휴리스틱 사고다. 말로 잘 표현할 수 없는 경험으로부터 판단하는 것으로, 고령자 씨가 취하기 쉬운 방법이라고 할 수 있다.

한편 인터넷 등에서 제품의 사양을 자세하게 조사하고 타사 제품과 비교하는 등의 절차를 거친 후에 결정하는 것을 '알고리즘 사고'라고 한다. 그리고 깊게 생각하기 전에 일단 손부터 움직여 일을 진행시키면서 상황에 따라 방침을 정해 나가는 사고방식을 '보텀 업bottom up 사고'라고 하는데 이것은 고령자 씨보다 젊은 층에서 많이 보이는 사고법이다.

→ 고령자 씨가 사기당하는 것을 막기 위해서는 지금까지의 경험과 선

입관에 의존하여 성급하게 판단하지 않도록 말해 주자. '돈에 관련된 일로 전화가 오면 내용에 관계없이 일단 끊고 본인한테 다시 전화를 한다' 등의 규칙을 정하는 것이 좋다.

사회관계 자본

> 지역과 사회에서 사람과 사람의 신뢰 관계와 연대를 자원으로 인식하는 사고방식.

사회관계 자본social capital(소셜 캐피털)은 쉽게 말하면 '유대감'이다. 사회관계 자본이 풍부한 지역에서는 주민들끼리 신뢰 관계가 잘 형성되어 있어 연대감이 존재한다. 사람들의 눈이 어디든 다 보고 있기 때문에 수상한 사람에 의한 범죄도 일어나기 어렵다.

지역 주민 사이에 네트워크가 형성되어 있으면 '저 집에는 고령자 씨 혼자 살고 있다'는 정보를 주민들이 공유할 수 있어서 재해가 일어났을 때에도 신속한 구조가 가능해진다. 고령자 씨가 자치회와 지역의 봉사 활동 등에 적극적으로 참가하면 지역도 활성화되고, 사회관계 자본이 더욱 풍부해지는 것을 기대할 수 있다.

→ 범죄를 없애고 살기 좋은 동네로 만들기 위해서는 고령자 씨에게도

적극적으로 지역 일에 참여하도록 요청하는 것이 좋다.

개별 신뢰·일반 신뢰

사람과 물건을 개별적으로 신용하는 것이 아니라 사람을 전반적으로 신용하는 것.

사람이 갖는 신뢰에는 '개별 신뢰'와 '일반 신뢰'가 있다. 개별 신뢰는 '이 사람은 믿을 수 있다', '이 기업은 신뢰할 수 있다'와 같은 특정 상대에 대한 신뢰를 말한다. 그에 반해 일반 신뢰는 '세상 사람들은 선량하고 믿을 수 있다'라는 식으로 인간 전반에 대한 신뢰를 뜻한다. 보이스 피싱 사기 등을 줄이기 위해서는 살고 있는 지역의 일반 신뢰를 높이는 것이 중요하다. 쓰레기 불법 투기 등이 많은 지역의 주민은 '모두들 안 보이는 뒤에서 버리고 있다'고 생각하기 때문에 일반 신뢰가 낮고 범죄가 일어나기 쉽다. 반대로 쓰레기 줍기나 길가에 꽃을 심는 활동 등 지역 활동이 활발한 지역의 주민은 일반 신뢰가 높다.

→ 일반 신뢰가 높은 지역은 주민 간의 상부상조도 활발하다. 고령자 씨가 안심하고 살아갈 수 있도록 지역의 일반 신뢰를 높이는 것이 중요하다.

6장 왜 화를 잘 내고 쉽게 버럭 할까

잃어버린 '그 시절'을 떠올리면 도무지 참을 수가 없다

옛날의 직책과 직함에 집착하는 고령자 씨들이 있습니다. 주변이나 상황을 신경 쓰지 않고 분노를 표출하는 고령자 씨를 볼 때도 있습니다. 사회적 평가가 높았던 사람이 빠지기 쉬운 함정은 무엇일까요?

은퇴 후 언제까지고 예전의 직함에 집착하는 고령자 씨가 있습니다. '옛날은 좋았다'고 투덜거리며 '요즘 것들이란…' 하면서 불평하는 고령자 씨도 있습니다. 그렇게 해서 젊은 사람들은 물론이고 또래들 사이에서도 미움을 받는 고령자 씨의 마음속은 도대체 어떻게 되어 있는 것일까요?

부부를 대상으로 여러 가지의 만족도를 조사한 설문 조사에서 남편의 만족도가 높은 항목은 부인의 만족도도 높고, 그 반대도 역시 일치한다는 결과가 나왔습니다. 그렇지만 한 가

120

지 일치하지 않는 것이 있었습니다. 바로 '사회적 평가'입니다. 사회적 평가에 대한 만족도는 부인, 특히 전업주부인 사람이 눈에 띄게 낮은 것이 일반적입니다.

사람은 사회적 동물입니다. 사회에 소속되고 싶다, 사회에서 인정받고 싶다는 욕구는 누구에게나 있습니다. 사회와의 접점이 적은 전업주부는 이를 만족시키기 어려운 반면, 남편 쪽은 일을 통해 사회적 평가를 계속 얻을 수 있습니다. 당연히 일에서 실패하거나 나쁜 평가를 받는 경우도 있지만 맡은 일에 어느 정도 납득하고 있다면 삶의 보람이 그러한 마이너스 요소를 보완해 줍니다.

그러나 회사원에게는 정년퇴직이 찾아옵니다. 일을 통해 얻어 왔던 사회적 평가와 삶의 보람은 정년을 맞이한 그날 이후로 더 이상 얻을 수 없습니다. 정년 후에 지금까지 하지 못했던 취미를 즐기거나, 사회에 공헌할 수 있는 봉사 활동을 하거나, 새로운 목표를 세울 수 있는 사람에게는 이것이 큰 문제가 되지 않습니다. 하지만 정년 후의 일을 아무것도 생각하지 않고 어느 날 갑자기 일과 함께 사회적 평가도 잃어버리게 된 사람은 어쩔 수 없이 과거의 영광(이라고 스스로가 생각하는 것)에 집착하는 것입니다.

은퇴 후의 생활에서 일만큼 큰 사회적 평가와 삶의 보람을 얻을 수 있는 것은 거의 없습니다. 조금 오래되었지만 2002년에 실시된 조사에 의하면, 퇴직한 비즈니스맨 중에서 퇴직 후에 가장 행복도가 높았던 사람은 스스로 회사를 창업한 사람들이었습니다. 그다음으로 다른 회사에 재취직한 사람이 뒤를 이었고, 가장 행복도가 낮았던 것은 일에서 완전히 손을 뗀 사람들이었습니다.

퇴직 후 새로운 목표를 세우지 못한 사람들은 매일의 생활이 시시하게 느껴질 수 있습니다. 다른 사람들에게 무언가 권유를 받아 그것을 계기로 취미에 빠지는 사람도 있지만 소극적으로 임해서는 만족을 얻기 어렵습니다. 그래서 예전의 자신과 비교하여 '이런 건 다 시시하다', '예전은 좋았다', '진짜 나는 이런 레벨의 사람이 아니다'와 같이 예전의 직함을 놓지 못하고 실제 이상으로 과거가 좋았다고 말하며 항상 과거에 갇혀 살게 되는 것입니다.

전업주부는 과거보다 현재에 집중한다

지금까지는 주로 취업 경험이 길었던 남성 고령자 씨에게 흔히 발생하는 이야기였는데, 그렇다면 전업주부(였던 부인)의 입장에 있는(있었던) 사람은 어떨까요? 지금은 가사와 육아가 사회적으로도 무척 중요한 일이라고 인식되지만, 그래도 남편처럼 확실한 사회적 평가를 얻지는 못했기에 불만이 남아 있습니다.

그래서 부인은 노후에 조금이라도 집 밖에서 삶의 보람을 찾는 것입니다. 취미 모임이나 지역의 봉사 활동으로 바쁘게 보내거나 친구들과의 교류를 통해 사회적 평가를 얻으려고 합니다. 여성이 동료들끼리 서로 옷이나 장신구를 칭찬하는 것도 그것이 사회적 평가가 되어 만족감을 얻을 수 있기 때문입니다. 이렇게 여성 고령자 씨는 남편이 정년퇴직 후 '옛날이 좋았다'고 불평하는 것을 거들떠보지도 않고 아주 즐겁고 생기 있는 노후를 보내는 경우가 많아지고 있습니다.

물론 남성 고령자 씨의 불평에도 동정의 여지는 있습니다. 아직 일을 할 자신이 있고 무엇보다 그것을 바라고 있음에도 불구하고, 나이 때문에 갑자기 취직의 기회를 빼앗겨 버린 것이기 때문입니다. 미국을 비롯한 많은 선진국에서는 여성 차별, 인종 차별과 마찬가지로 나이에 따른 차별을 금지합니다. 일본에서는 아직 나이에 근거한 고정 관념과 편견, 차별을 많은 곳에서 쉽게 볼 수 있는데 이는 고령 사회의 실정과 맞지 않습니다. 그러나 현재 정년제가 실시되고 있는 이상, 그 속에서 새로운 목표를 설정하는 것도 중요합니다. 또한 주관적 연령은 어디까지나 자기 평가에 근거한 것이고, 나이를 먹은 자신에게 사회적 공헌이 가능한 어떤 기술과 지식이 있는지 객관적으로 판단하는 것도 필요합니다.

　나아가 현역이었던 시절과 같은 환경을 만드는 것 이외에는 행복해질 수 있는 방법이 없다고 생각하는 것도 문제입니다. 무엇으로 인해 행복을 얻을 수 있는지 그 방법은 10인 10색이며 나이에 따라서 변화합니다. 고령자 씨로서 만족도가 높은 삶의 방식을 취하는 데 세상 일반의 상식에 너무 얽매이지 말고 '주관적 행복감'을 중시하는 것이 필요합니다.

편리해진 세상이 고령자 씨를 화나게 한다?

마트의 셀프 계산대나 은행의 ATM 기기 등에서 고령자 씨가 화를 내는 광경을 가끔 볼 수 있습니다. 이 또한 현역 시절에 기업에서 임원으로 근무했거나 학교에서 교직에 있었던 사람들에게서 많이 보이는 현상으로, 자신의 '유능감'에 원인이 있습니다.

　아무리 자기 평가가 높은 사람이었더라도, 정도의 차이는 있을지언정 나이가 들면서 신체 능력과 인지 기능은 쇠퇴하기 마련이며 자신의 생각대로 되지 않는 일도 늘어납니다. 자신의 유능감과 할 수 없어진 일에 대한 실망감의 간극이 클수록 스트레스를 느끼기 쉽습니다. 그런 작은 스트레스가 계속

누적되면 알지 못하는 사이에 짜증이 쌓여 컵의 물이 표면 장력에 의해 겨우 흘러넘치지 않는 것처럼 아슬아슬한 상태가 됩니다. 그런 상태에서 최후의 한 방울(매우 작은 스트레스)이 더해지면 컵에서 물이 넘쳐흐르는 것처럼 감정을 조절할 수 없게 되어 화가 표출되는 것입니다. 고령자 씨이기 때문에 화를 내기 쉬운 것이 아닙니다.

앞으로 사회의 디지털화가 더욱 가속화되어 고령자 씨가 더 스트레스를 받기 쉬운 세상이 될지도 모릅니다. 그렇지만 고령자 씨는 TV 리모콘을 조작할 때에도 자신의 능력이 쇠퇴하였음을 느끼고 자존심에 상처를 받습니다. 주위에서는 그러한 사실을 이해하고 고령자 씨를 대하는 것이 중요합니다.

'화'에 관한 키워드

유능감

> 스스로를 판단할 때 다른 사람과 비교하지 않고 자신을 유능한 사람
> 이라고 인식하는 것.

고령자 씨는 유능감이 높고 '나는 유능한 사람'이라고 느끼는
이가 많다. 그것은 사실인 동시에 남은 인생을 살아가기 위
해 갖추어진 마음가짐으로 보인다. 유능감이 높지 않으면 나
이가 들면서 심신이 쇠약해지는 가운데 자신의 존재를 긍정
하면서 살아가기 어렵다. 즉, 유능감은 자기 부정을 하지 않기
위한 방어 기제라고도 할 수 있다.

이 때문에 고령자 씨는 실수를 해도 자기 책임이 아니라고
생각하기 쉽다. 예를 들어 전기 포트에서 뜨거운 물을 따를 때
는 먼저 해제 버튼을 눌러야 하는데, 고령자 씨는 조작 방법을
몰라서 물을 따르지 못할 때도 '기계가 엉망이다'라고 마음대
로 결론지어 버리는 것이다.

→ 고령자 씨의 유능감은 살기 위해 꼭 필요한 것이다. 사사건건 따지며
   이를 부정하는 말과 행동을 해서는 안 된다.

감정 통제·감정 정리

> 주위의 상황에 따라 자기 스스로의 감정을 적절히 컨트롤하거나 조정하는 것.

고령자 씨에게는 자신의 감정이 너무 요동치지 않도록 감정적인 장면을 피하려고 하는 경향이 있다. 젊은이에 비해 공격적인 감정과 충동적인 감정을 조절하려고 하기 때문에 인간관계에서 문제가 발생해도 스스로 감정을 정리해 분노의 감정을 별로 드러내지 않는 고령자 씨도 많다.

고령자 씨는 얼마 남지 않은 인생에서 긍정적인 감정을 가질 수 있도록 친한 사람과의 관계를 깊이 있게 유지하고 싶어한다. 그 사람들과 차 한 잔이나 점심을 하며 교류를 깊게 나누는 데서 즐거움을 찾는 한편, 관계가 얕은 사람과의 교류는 줄여 간다. 어떤 사람과 관계를 돈독히 하는 게 좋을지 선택하고 있는 것이다.

→ 이러한 감정의 통제와 조정은 고령자 씨가 더 행복한 인생을 살기 위한 적응 수단이라고 할 수 있다. 참고로 감정 조절 능력이 좋은 사람은 행복감도 높다는 연구 결과가 있다.

감정 표출

> 외부의 자극이나 여러 일들에서 발생하는 유쾌, 불쾌 등의 감정을 표현하는 것.

감정이 표출되면 그 사람의 말과 행동 등에서 기쁨과 슬픔, 혐오, 두려움, 분노, 놀라움 등의 감정을 읽어 낼 수 있다. 특히 감정과 얼굴 표정은 서로에게 영향을 미치기 때문에 표정에서 감정을 읽기 쉽다. 그러나 고령자 씨는 얼굴 표정에 의한 표현이 드물고, 감정의 움직임을 다른 사람에게 전하는 것이 어렵다.

실제로 고령자 씨와 젊은이에게 코미디 프로그램을 보여준 뒤 표정근(표정 근육)의 반응을 비교하는 실험을 해 보면, 고령자 씨는 젊은이와 똑같이 '재미있다'고 느꼈음에도 표정근의 움직임이 적은 것을 알 수 있다.

고령자 씨의 표정을 보는 것만으로는 감정을 제대로 파악하기 어려우므로 주의가 필요하다. 특히 남성 고령자 씨의 무표정은 기분이 나빠 보일 때가 많다. 상대방의 기분이 나쁜 것 같다고 지레짐작해서 경계하며 다가가면, 상대방도 그걸 느껴서 더욱 기분이 나빠 보이게 된다. 그러한 정동 전염(타자의 감정에 무의식적으로 공감하여 마치 자기 안에서 일어난 감정이라고 인식해 버리는 것)의 악순환을 끊을 수 있어야 한다.

→ 고령자 씨가 무표정해 보여도 실제로는 즐거워하고 있는 것일 수도 있다. 표정 외의 여러 포인트에서 감정을 읽도록 하자. 기분이 나빠 보이는 고령자 씨에게 웃는 얼굴로 말을 걸면 웃으며 화답하는 경우가 많다.

슬립

사물과 사건의 인지와 판단이 정확해도 부주의나 깜빡하는 실수로 인해 잘못된 행동을 취하게 되는 것.

슬립slip(실수)은 세 가지 휴먼 에러(인간이 원인이 되어 일어난 실수) 중 하나다. 어떤 행동을 실행할 때 주위에 무언가 변화가 생기면 그 영향으로 인해 잘못된 행동을 취할 수 있다. 일상생활에서 습관화된 행동은 스스로 '이렇게 해야지' 하고 의식을 기울이지 않아도 실행할 수 있다. 그러나 다른 사람이 말을 걸어 와서 그 행동이 방해를 받으면 뜻하지 않은 실수를 저지를 수 있다. 그것이 슬립이 일어나기 쉬운 상태인 것이다.

슬립은 나이가 들수록 많아진다. 예를 들어 고령자 씨는 집의 문을 열쇠로 잠갔어도 누군가 말을 걸면 그 사실을 잊고 다시 한번 문을 잠그려고 할 때가 있다. 또 차를 마시려고 할 때 다른 일에 주의를 빼앗기면 전기 포트에 물을 넣은 걸 잊어버리고 다시 물을 넣으려고 하는 등의 슬립이 생기기 쉽다.

참고로 앞의 두 가지 실수처럼 깜빡 잊는 등의 기억 오류와 물건을 잃어버리는 랩스^{lapse}, 고의로 한 행동이 에러로 연결되어 버리는 미스테이크^{mistake}가 있다. 평소 교통량이 많지 않은 길이어서 그냥 무단 횡단하다가 차에 치여 버리는 것 같은 미스테이크는 의외로 고령자 씨에게 많이 발생한다.

→ 고령자 씨가 무언가 작업을 하고 있을 때에는 말없이 지켜봐 주자. 작업이 끝나기를 기다렸다가 나중에 말을 걸자.

사회적 평가

인간으로서 사회로부터 인정받고 있는가에 대한 기준.

사람은 사회적 동물이다. 따라서 사회적 평가는 누구에게나 있는 자연적인 욕구라고 할 수 있다. 그러나 사회적 평가를 지나치게 신경 쓰면 그 생각이 충족되지 못하여 불만을 가지게 된다. 특히 남성이 사회적 평가에 집착하는 것은 일을 통해 사회적 평가를 얻어 온 현역 시절에서 갑자기 아무에게도 평가를 받지 않는 환경에 던져지기 때문이라고 볼 수 있다.

한편 이 세대의 여성 대부분은 원래부터 사회적 평가를 얻기 어려운 환경에 있었기 때문에 젊은 시절부터 적극적으로 지역의 동료나 친구와 교류하고 서로를 평가해 주는 관계를 만들기 위한 노력을 한다. 그래서 지금 이 순간을 즐길 수 있다.

→ 불평만 하는 고령자 씨가 있다면 취미나 여러 사람과 교류하는 기회를 가지도록 권해 보자. 그것만으로도 충실한 기분으로 생활할 수 있을 것이다.

사회적 유용성

> 다른 사람에게 도움이 되는 것. 그에 더하여 사회에 도움이 되는 요소, 성질이 포함되어 있는 것.

고령자 씨가 자식이나 손주를 돌봐 주려고 하거나 여러 참견을 하는 것은 자신이 다른 사람에게 도움이 된다는 것을 실감하기 위해서다. 경험에 의해 얻어진 지식과 인생에 대한 교훈을 젊은 세대에게 전하는 것은, 고령자 씨가 자신의 사회적 유용성을 실감할 수 있는 방법 중 하나다. 그래서 자연스럽게 설교 같은 말을 하게 되는데 '요즘 그런 방식은 통하지 않아요' 하고 반론을 해서는 곤란하다. 적당히 상대방의 자존심을 살려 줄 수 있는 소통 방법을 고민해야 한다.

→ 고령자 씨는 '자신이 도움이 된다는 것'을 실감하는 것만으로도 충분히 만족한다. 그 이상의 보답은 바라지 않기 때문에 약간의 설교나

잔소리 정도라면 '아, 그렇군요' 하고 동의하면서 가볍게 받아 주는 것이 좋다.

정체성·자아 동일성

'나는 누구인가'라고 말할 수 있는 일정 수준의 자신을 가지는 것. 다른 사람도 그것을 인정해 주는 상태를 가리킨다.

사람은 자신의 경험과 사회와의 관계를 통해 가치관을 기르고, 스스로가 있어야 할 장소를 발견해 나간다. 그리고 본래의 자신을 인정받으면 자신감을 갖고 정체성(아이덴티티)을 확립할 수 있다. 그것이 잘 안 되면 자신을 잃어버리고 절망에 빠지거나, 주위의 눈을 지나치게 의식하여 자의식 과잉이 된다. 예를 들어 회사를 퇴직한 후에는 오랜 세월 길러 온 정체성을 잃어버리게 된다. 언제까지나 회사원으로서의 자신에게 집착하고 있으면 은퇴 후의 생활을 시작할 수 없다. 정체성은 인생의 어느 시기에서라도 확립할 수 있다. 동네의 행사나 봉사 활동 등 가까운 사회와의 관계를 발견하고 새로운 정체성을 확립하는 것이 중요하다.

→ 정년을 맞이하여 사회적 신분을 잃은 고령자 씨가 있다면 취미나 봉사 활동 등의 지원을 해 주자.

사회적 정체성

자기가 어떠한 사회적 입장에 있는지에 대한 자기 인식을 가리킨다.

여러 정체성 중에서 특히 사회적인 입장을 문제로 하는 것이 사회적 정체성(사회적 아이덴티티)이다. 현역에서 물러난 고령자 씨는 이 사회적 정체성이 모호해지기 쉽다. 그런데도 이것에 집착하는 사람이 특히 남성 중에 많은 것은, 과거 회사 조직 등에 속해 있던 경험 때문에 자신의 사회적 입장을 명확히 자각하지 못하면 불안을 느끼기 때문이다. 현역에서 물러난 사람이 사회적 정체성을 실감하기 어려운 것은 주위에 같은 정체성을 가지고 있는 사람이 없기 때문이기도 하다.

→ 새로운 환경에 노출된 고령자 씨가 고독감을 느끼지 않도록 하려면 자신과 비슷한 분위기를 가진 사람들의 모임에 나가는 것도 하나의 방법이다.

연령 정체성

나이에 따라 자신의 입장을 인식하는 것.

연령 정체성(연령 아이덴티티)도 여러 정체성 중 하나다. 같은 사회적 정체성을 가지는 사람들이 모이는 그룹이 있으면, 그

안에서 자신이 어떠한 정체성을 가지고 있는가가 문제가 된다. 연공서열 의식이 높은 일본에서는 나이 차가 입장을 정하는 기준이 되기도 한다. 그러나 연령 정체성은 대체로 주관적 연령의 영향을 받는다.

사회적 연령 규범에 따르지 않을 경우 늙어서 주책이라는 둥 나잇값도 못 한다는 둥 타자로부터 비난을 받기도 한다. 한편 자신이 집단 속에서 연장자라고 느끼는 경우에는 장유유서에 집착하기도 한다. 같은 고령자 씨들 중에서도 연장자가 좀 더 으스대는 것처럼 보이는 것은 연령 정체성으로 인한 현상이다.

은퇴를 하고 '나는 누구인가' 하는 의식이 흔들리면 사람은 불안해진다. 연령 정체성에 의해 스스로가 다른 사람보다 아래에 있는 것이 고통스러운 사람은 조금이라도 사회적 정체성을 높이기 위해 지금 있는 환경 속에서 높은 지위를 추구하고자 한다. 지역의 자치회에 참가하거나 특히 임원을 맡고 싶어 하는 것은 그러한 경향이 강한 사람이다.

→ 연령 정체성에 집착하는 고령자 씨 중에는 자신의 지위를 가벼이 여긴다고 느끼면 더욱 과장하여 높은 지위를 드러냄으로써 불안을 해소하려는 사람도 있다. 그러한 마음을 읽어서 지위를 존중해야 서로 원만한 관계를 유지할 수 있다.

자기 제시·자아 노출

> 자기 제시는 바람직하다고 생각하는 모습을 타자에게 보여 주려고 하는 것이다. 자아 노출은 개인적인 내용을 타인에게 드러내는 것이다.

사람은 자신의 진짜 모습을 타자에게 보여 주는 것이 아니라, 설령 가짜여도 가능한 한 좋은 인상을 주려고 한다. 이것을 '자기 제시'라고 한다. 특히 사회적 정체성이 흔들리고 있는 고령자 씨는 자신의 사회적 지위를 명확하게 하는 것이 타인에게 바람직한 자신을 보여 주는 것이라는 의식을 가지고 있다. 구체적으로 매스컴 등 화려한 업계에 있었던 사람은 나이를 먹어도 복장이 화려한 경향이 있다.

에드워드 존스Edward E. Jones와 세인 피트먼Thane S. Pittman은 자기 제시의 목적을 '환심 사기(자신의 좋은 부분을 어필하여 상대의 호의를 얻으려고 함)', '자기선전(타인에게 존경받고자 함)', '시범(자신이 좋은 인물이라고 생각하게 함)', '위협(상대에게 자기에 대한 공포심을 갖게 함)', '애원(동정을 얻어 타인의 도움을 받으려고 함)'의 다섯 가지 종류로 분류하고 있다.

한편 상대가 어떻게 생각하는지와 상관없이 자신의 좋은 점과 부정적인 점을 모두 오픈하는 것을 '자아 노출'이라고 한다. 자아 노출을 하면 자신이 어떤 사람인지를 상대방이 알게 되어서 경계심을 풀기 쉬워진다. 또한 자아 노출을 하면 반보성返報性 심리가 생기기 쉽다. 즉, 자아 노출을 받아들인 쪽은 상대방과 같은 정도의 정보를 공개하는 경향이 있다. 이러한 점에서 자아 노출은 타자와의 신뢰 관계를 만들기 위해서도 중요한 소통이라고 할 수 있다.

→ 각각의 자기 제시 방법을 모두 잘 활용하여 자신이 있을 장소를 확보하는 것이 중요하다. 또한 자아 노출은 심각한 내용이 아니라면 서로 간의 친밀도를 높일 수 있다.

생활 만족감

주관적인 행복감을 평가하는 척도의 하나.

사회 노년학자 파월 로턴M. Powell Lawton이 개발한 고령자의 주관적 행복감을 평가하는 지표다. 행복한 나이 듦을 측정하기 위해서 고안된 개념으로 고령자가 노화에 대해 어떤 태도를 갖고 있는지, 어떤 심리적 동요를 안고 있는지, 불만족을 느끼고 있는지 등을 찾아내어 고령자의 당시 기분과 행동의 원인을 이해하는 것이 목적이다. PGC 모럴 지표The Philadelphia Geriatric Center Morale Scale라는 이름을 가지고 있다. 모럴morale이란 사기, 의욕을 뜻하는데, 이것이 낮은 사람은 '현재의 생활에 만족하고 있지 않다', '내가 머무를 곳이 없다고 느낀다', '늙는다는 것을 받아들이기 힘들다'고 생각해 그 불만이 다양한 태도로 나타난다.

→ 불만을 품고 있는 사람에게는 자신의 인생을 긍정적으로 평가할 수 있도록 주위 사람들이 손을 내밀어 주어야 한다.

개정판 PGC 모럴 지표

당신의 현재 기분 상태를 알아봅시다. 질문을 읽고 해당하는 답안에 O 표시를 해 주십시오.

1. 당신의 인생은 나이가 들수록 점점 나빠졌다고 생각합니까? (B)

   1. 그렇다   2. 그렇지 않다

2. 당신은 작년과 마찬가지로 건강하다고 생각합니까? (B)

   1. 네   2. 아니요

3. 외롭다고 느끼는 때가 있습니까? (C)

   1. 없다   2. 별로 없다   3. 항상 느낀다

4. 요즘 들어 부쩍 사소한 일을 신경 쓰게 되었습니까? (A)

   1. 네   2. 아니요

5. 가족과 친척, 친구와의 왕래에 만족하고 있습니까? (C)

   1. 만족하고 있다   2. 더 많이 만나고 싶다

6. 당신은 나이를 먹기 전보다 쓸모가 없어졌다고 생각합니까? (B)

   1. 그렇게 생각한다   <u>2. 그렇게 생각하지 않는다</u>

7. 걱정을 하거나 신경 쓰이는 일이 있어서 잠을 이루지 못하는 경우가

   있습니까? (A)

   1. 있다   <u>2. 없다</u>

8. 나이를 먹는다는 것은 젊었을 때 생각했던 것보다 좋은 일이라고 생

   각합니까? (B)

   <u>1. 좋다</u>   2. 똑같다   3. 나쁘다

9. 살아 있어도 별수 없다는 생각을 한 적이 있습니까? (C)

   1. 있다   <u>2. 별로 없다</u>   <u>3. 없다</u>

10. 당신은 젊을 때와 똑같이 행복하다고 생각합니까? (B)

    <u>1. 네</u>   2. 아니요

11. 슬픈 일이 많다고 느낍니까? (C)

    1. 네   <u>2. 아니요</u>

12. 당신에게는 걱정거리가 많습니까? (A)

    1. 네   <u>2. 아니요</u>

13. 전보다 화를 내는 횟수가 많아졌습니까? (A)

    1. 네   <u>2. 아니요</u>

14. 사는 것은 매우 쉽지 않은 일이라고 생각합니까? (C)

    1. 네   <u>2. 아니요</u>

15. 지금의 생활에 만족하고 있습니까? (C)

    <u>1. 네</u>   2. 아니요

16. 매사에 항상 심각하게 생각하는 편입니까? (A)

    1. 네   <u>2. 아니요</u>

17. 당신은 걱정거리가 있으면 바로 안절부절못하는 편입니까? (A)

    1. 네   <u>2. 아니요</u>

→ 밑줄 친 답을 1점으로 하여 합계 점수를 계산한다. 괄호 속 영문은 다음 내용을 가리킨다. A: 심리적 동요, B: 노화에 대한 태도, C: 고독감, 불만족감

자전적 기억

자신의 정체성 형성에 강한 영향을 준 기억을 가리킨다.

현재의 사고방식과 행동에 강한 영향을 준 개인적인 기억을 가리키며 구체적으로는 수험, 결혼, 실업 등의 사건을 예로 들 수 있다. 일반적으로 고령자 씨가 인생을 돌이켜 볼 때 10대에서 30대에 경험한 일을 자주 추억한다고 알려져 있는데, 이 현상을 '회고 절정reminiscence bump'이라고 한다. 또한 1년 이상 지난 비교적 최근의 일은 오히려 떠올리기가 어렵다고 한다.

자전적 기억이 반드시 정확한 것은 아니다. 싫은 추억이 어느 시점부터 좋은 추억으로 변해 버리는 것은 제법 흔한 일이다. 이를 '기억의 재구성'이라고 한다.

→ '그때는 좋았다'고 과거를 회상하는 고령자 씨가 있다면, 추억을 바꾸어 기억함으로써 심리적인 안정을 얻으려는 것이라고 이해하고 지켜봐 주자.

생애 회상

과거를 회상하는 것으로 심리적인 치료 효과를 기대할 수 있는 심리 요법을 가리킨다.

미국의 정신과 의사 로버트 버틀러[Robert N. Butler]에 의하면 고령자 씨가 과거를 회상하는 것은 과거의 미해결된 갈등을 해결하기 위한 아주 자연스러운 과정이라고 한다. 이 과정에 주목해 고령자 씨의 불안감을 덜어 주고 인생의 만족도를 높이는 방향으로 이끄는 심리 요법을 고안해 낸 것이 바로 '생애 회상[life reminiscence] 요법'이다. 오래된 사진이나 옛날 음악, 그리움을 느끼게 하는 물건 등을 접하면서 예전의 경험과 추억을 서로 이야기하는 방법을 취한다. 이를 통해 과거 갈등의 해결과 자존감의 회복이라는 효과를 기대할 수 있다.

→ 치매에 걸린 고령자 씨에게서는 정동 기능의 회복과 문제 행동의 감소, 그리고 대인 교류의 증가를 기대할 수 있다.

생애 회고

과거에 일어난 일을 상기하고 평가하는 심리 요법의 일종.

생애 회고[life review](라이프 리뷰)는 고령자 씨가 과거에 일어난 일을 떠올리는 것에서 효과를 기대하는 심리 요법의 일종이다. 생애 회상 요법과 매우 비슷하지만 차이도 있다. 회상법이 자유롭고 재미있는 소통을 통해 정동 기능의 회복과 행복감을 높이는 것에 주된 목적을 두고 있는 것에 반해, 생애 회고는 많은 경우 시계열로 회상하고 과거에 일어난 일에 의미 부여와 평가를 하는 것까지 세트로 되어 있다는 것이 가장 큰 차이점이다.

방법의 차이로 인해 생애 회상은 치매 환자를 포함해 폭넓은 고령자 씨를 대상으로 하고, 생애 회고는 일반의 고령자 씨를 대상으로 한다.

→ 과거에 일어난 일에 대한 의미 부여와 평가를 적극적으로 하기 때문에 생애 회고는 때때로 심리적인 고통을 수반할 가능성이 있다는 점을 인식해야 한다.

7장 왜 남들과 어울리지 못하고 고립을 부릴까

피해의식에 빠지거나 쓰레기를 수집하는 데에는 이유가 있다

어째서인지 자신에 대한 나쁜 말은 한 번 듣기만 해도 절대로 잊지 않고 곱씹는 고령자 씨가 있습니다. 세상을 적대시하거나 쓰레기로 가득 찬 방을 만들어 버리기도 하고…. 이러한 고령자 씨의 마음속은 어떤 상태일까요?

"○○○가 내 욕을 계속한다."

"어차피 나는 이제 죽을 거니까…."

이런 말을 하면서 풀 죽어 있거나 피해망상에 사로잡혀 있는 고령자 씨가 있습니다. 물론 고령자 씨에게서 다른 사람이 자신의 욕을 하고 있다고 주장하는 것을 들었을 때, 그 말이 사실이라면 고령자 씨는 정상적인 인지 상태를 갖추고 있는 것입니다. 오히려 본인 앞에서 뻔뻔하게 나쁜 말을 하는 주위 사람들이 더 큰 문제일 것입니다.

그러나 고령자 씨의 귀가 잘 들리지 않는다는 걸 알고 그 앞에서 아무렇지 않게 '우리 할머니는 아무것도 할 수 있는 게 없으면서 말만 많다니까'라는 식으로 이야기하는 사람도 있습니다. 그러나 실은 못 들었을 거라고 생각했던 이야기가 운 나쁘게도 고령자 씨의 귀에 들어가는 바람에 '또 내 욕을 하고 있구나', '늙은이를 쓸모없는 사람 취급하고 있어…' 하며 풀이 죽거나 마음을 다쳐 관계가 틀어지는 것입니다.

어째서 고령자 씨는 다른 이야기에는 별로 반응을 하지 않으면서 자신에 대한 나쁜 말에는 민감한 것일까요? 그것은 칵테일파티 효과라고 불리는 현상과 관계가 있습니다. 시끄러운 파티장에서도 어떠한 특정 자극에 주의를 기울이고, 그 자극을 의식하여 정보 처리를 하면 해당 대화가 아주 잘 들리게 됩니다. 이는 곧 특정 상대의 이야기에 주의를 기울여 상대방의 정보만을 받아들이고 내용을 파악하는 작업을 수행하는 것입니다. 여러 정보 중에서 특히 나쁜 말에 주의를 기울이기 쉬운 것은, 인간에게 자기 이름과 평가에 특히 민감하게 주의가 집중되는 성질이 있기 때문입니다.

고령자 씨 중에는 귀가 잘 들리지 않는 분도 많을뿐더러 보통은 주위의 정보에 그다지 민감하게 반응하지 않습니다. 그러나 나쁜 말은 자신에 대한 정보이기 때문에 바로 주의가 집중되기 쉽습니다. 그 외의 정보는 거의 전해지지 않는다는 차이가 존재하기 때문에 결과적으로는 '내 욕만 하고 있다'고 생각하게 되는 것입니다.

치매로 인해 피해망상이 생기기도 한다

다음으로 문제가 되는 것은 치매로 인한 피해망상입니다. '돈을 도둑맞았다', '폭언을 들었다' 등 실제로는 일어나지 않은 일이 현실에서 있었던 것처럼 호소하고 때로는 절규하듯 소리를 높이며 마구 날뛰는 경우도 있습니다. 치매가 원인인 피해망상은 인지 기능의 저하와 더불어 주위에 폐를 끼치고 있다는 죄책감, 누구도 알아주지 않는다는 생각에서 오는 소외감, 혼자 사는 외로움 등 여러 감정이 복합적으로 작용해 나타난다고 합니다.

치매에 걸린 고령자 씨에게 피해망상은 망상이 아닌 진실입니다. 이를 부정하거나 반박하면 오히려 더 완고해질 뿐입니다. 새로운 분노나 슬픔이 더해지면 더 심한 망상에 시달릴 우려도 있습니다. 이럴 때는 어떻게든 망상이라는 것을 깨닫게 하기보다 차분히 이야기를 들어주는 것이 중요합니다. 논리적으로 설득하려고 해도 순순히 귀를 기울이지 않는 것은 치매를 앓고 있는 사람이나 그렇지 않은 사람이나 마찬가지입니다. '그런 일이 있었군요', '힘드셨겠네요'라고 공감하며 맞장구를 치는 것만으로도 고령자 씨는 만족하고 그 자리를 정리할 가능성이 있습니다. 만약 도저히 혼자 힘으로 대처할 수 없는 경우에는 자주 찾아가던 전문의나 지역 내 지원 센터 등에 상담하는 것이 좋습니다.

분노와 고독 때문에 방에 쓰레기를 방치한다

나이가 들면 사람은 화를 내기 쉬워진다는 말이 있습니다. 여기에도 여러 이유가 있습니다. 그중에서도 흔한 것은 독거노인의 고독감이 분노로 이어지는 케이스입니다. 사람은 사회와 완전히 동떨어져서는 살아갈 수 없습니다. 그렇기 때문에 사회에 받아들여지고 있다는 실감을 계속 얻으려고 합니다. 그러나 고립된 고령자 씨는 이러한 실감을 느낄 수 없어 그 욕구가 충족되지 않습니다. 그래서 또다시 고독을 느끼고 마음속에 반사회적인 성향이 싹트게 됩니다.

물론 모든 독거노인이 반사회적인 인물이 되는 것은 아닙니다. 그중에는 적극적으로 고독을 즐기는 고령자 씨도 있을 것입니다. 그러나 역시 대부분은 사회에 대한 분노로부터 반사회성을 강화해 갑니다. 고령자 씨가 보이는 반사회적인 행동의 전형으로 들 수 있는 것은 자택을 쓰레기장처럼 만드는 것으로 주위에 피해를 끼치는 케이스입니다. 어째서 반사회성을 강화시켜서 자기 집을 쓰레기장처럼 만들어 버리는 걸까요? 거기에는 현대의 쓰레기 분리수거 문제가 배경이 되고 있습니다.

고령자 씨에게 쓰레기 분리수거는 매우 어렵다

지금은 모든 지자체에서 쓰레기 분리수거 방식이 매우 세세하게 정해져 있습니다. 일반 쓰레기와 플라스틱 쓰레기의 차이는 금방 알 수 있지만, 금속 손잡이와 끝에는 나무 조각이 달려 있는 마사지 기구는 어떤가요? 대형 쓰레기는 어느 정도 크기부터 대형으로 분류되는 것일까요? 지자체가 발행하는 안내문을 보고 어디에 무엇이 쓰여 있는지를 찾아내 잘 구분하는 것은 젊은 사람에게도 귀찮고 힘이 듭니다. 하물며 시력과 주의력이 시원찮은 고령자 씨에게는 훨씬 힘들 것입니다.

겨우 힘들게 분류를 해서 내놓아도, 만약 버린 쓰레기가 '회수 불가' 스티커 한 장과 함께 반환되면 이제 참을성에 한계가 옵니다. '아무도 날 도와주지 않는다', '나한테만 이렇게 가혹하다'고 분노하면서 더욱 고독을 느끼게 될 것입니다. '당신네

집 쓰레기 때문에 민폐가 발생한다'며 항의를 받아도, '그래 더 잘됐네, 더 힘들어 봐라'라고 생각하거나 '그건 내가 알 바 아니지!' 하면서 도리어 화를 냅니다. 결과적으로 다른 사람들이 '저 사람은 편협하고 말이 안 통해', '상대하면 더 귀찮다'라고 생각하게 되어 더욱 고립되고 고독이 깊어져 갑니다.

그리고 이 문제에서 한 가지 주의할 부분이 '물건을 버리지 못하는 병(저장 강박 증후군)'이라고 하는 뇌의 기능 장애로 인해 발생하는 자택의 쓰레기장화입니다. 물건을 버리는 것을 고통스럽게 느끼기 때문에 신문과 잡지, 옷과 가방, 책, 서류와 우편물부터 시작해 경우에 따라서는 동물까지 무엇이든 다 쌓아 두게 되어 생활 공간을 압박하게 됩니다. 또한 이 상태를 남에게 보이고 싶어 하지 않기 때문에 가족과 근처의 주민들을 집에 들어오지 못하게 합니다. 고령의 남성 중에서 유병률이 높으며, 정신 질환의 하나이므로 의사의 진단을 받도록 설득할 필요가 있습니다.

간접 호혜성 커뮤니티 형성이 필요한 이유

지역 사람들의 유대가 강한 사회라면 다소 고령화가 되어도 '서로 마찬가지'라는 호혜 정신이 작용해 고령자 씨의 쓰레기 문제도 그런대로 경감시킬 수 있을 것입니다. 그러한 호혜 정신이 통하는 것은 정말 작은 규모의 동네 정도일 것입니다. 개인적인 유대감이 강하지 않은 도시에서는 기대하기 어렵습니다. 처음부터 쓰레기에 파묻혀 살아가고 싶은 사람은 아무도 없습니다. 긴급 조치로는 지방 자치 단체의 담당 부서가 중심이 되어 쓰레기 강제 폐기와 함께 당사자에 대한 상담 등의 사회적 지원(소셜 서포트)을 행할 필요가 있습니다.

예방적인 조치로는 지역에 '간접 호혜성 커뮤니티'를 만드는 것이 있습니다. 이는 누군가를 위해 무언가를 하더라도 그 도움을 받은 사람으로부터 보답받는 것을 기대하지 않고 다른 곳에서 도움을 받는 시스템입니다. 사회 구조를 바꾸는 작업이기 때문에 개인의 힘만으로는 한계가 있을 것입니다. 전문 기관에 상담하거나 자치회에서 함께 이야기를 하면서 가능한 한 많은 사람의 이해와 협력을 모아 하나로 만드는 것이 중요합니다. 독거 고령자 씨의 이야기 상대가 되어 주는 사람이 있다는 것만으로도 집을 쓰레기장으로 만드는 문제는 해결을 향해 크게 전진할 것입니다.

'고독'에 관한 키워드

칵테일파티 효과

> 많은 소리 중에서 필요한 소리만을 분별해 내는 우리 뇌의 기능을 가리킨다.

귀가 어두운 고령자 씨가 자기에 대한 이야기만은 확실히 알아듣는다면, 그것은 고령자 씨의 '칵테일파티 효과'가 제대로 기능하고 있다는 증거다. 칵테일파티 효과란 많은 소리 중에서 필요한 소리만을 분별하는 뇌의 기능이다. 파티장에서 많은 사람이 웅성거리며 자유롭게 이야기를 나누고 있어도 내 앞의 상대방과는 확실하게 대화가 이루어지는 현상에서 이러한 이름이 붙여졌다.

'괜찮아, 할머니는 귀가 어두우셔'라고 하면서 고령자 씨 앞에서 험담을 했는데 상대방이 다 듣고 있었다는 상황이 심심찮게 벌어진다. 설령 귀가 잘 들리지 않더라도 자기에 관한 정보만큼은 민감하게 주의를 기울이는 경우가 많다.

이와 같이 고령자 씨가 험담을 알아듣는 것은 자신에 대한 정보에 주의를 기울이고 있기 때문인데 이는 의식적일 수도 있고 무의식적일 수도 있다. 이를 '선택적 주의'라고 하며, 일반적으로 사람은 나이가 들면서 이 기능이 저하된다. 그러나 다소 쇠퇴한 상태라고 해도 자신에 대한 정보에는 충분히 주의를 기울일 수 있다. 또 주의를 기울이는 것과 별개로 사람에게는 추측하는 능력도 있다. 평소 관계가 그다지 좋지 않은 사람이 있다면, 그 사람이 자기 험담을 할지도 모른다고 추측할 수 있는 것이다.

→ 험담을 들으면 알아차리고, 그렇지 않은 경우에도 누군가가 험담을 했다고 오해할 수 있다. 처음부터 서로 험담을 하지 않는 것이 중요하다.

독거·고립·고독

> 외톨이로 혼자 살면서, 그에 더해 사회적 지원도 얻지 못하는 상태를 가리킨다.

고령자 씨의 이해하기 힘든 행동의 원인을 찾기 위해서는 '독거, 고립, 고독'의 차이를 구분하는 것이 중요한 열쇠가 된다. '독거'는 단순히 혼자 사는 것을 의미하고, '고립'은 독거를 하면서 그에 더하여 사회적 지원이 없는 상황이다. 어느 쪽이든 객관적인 상태를 나타낸다. 이에 반해 '고독'은 본인이 '나는 외톨이다'라고 느낄 때 쓰는 말이다.

문제는 고립으로 인해 고독에 빠지는 고령자 씨다. 대부분의 사람은 사회와 연결 고리가 없으면 살아갈 수 없다. 치매 이외의 문제 행동을 일으키는 고령자 씨 대부분이 심각한 고독에 빠져 있다는 현실이 그 배경에 있다.

→ 편협하고 주변에 폐를 끼치는 고령자 씨의 대부분은 사회와의 연결 고리를 잃은 상태다. 고립시키지 않는 것, 고독을 느끼지 않도록 하는 것이 중요하다.

사회적 고립

인간관계가 희박하고 사회 안에 자신이 있을 장소가 없는 상태.

사회적 고립이란 사회와의 연결 고리를 잃은 상태로, 혼자 사는 고령자 씨의 대부분이 이 상태에 있다. 이것이 치매 등 많은 병의 원인이 될 수 있음은 잘 알려져 있다. 예를 들어 식사의 영양 관리가 제대로 이루어지지 않아 뇌경색과 뇌출혈을 일으키는 동맥 경화의 위험이 높아졌다면, 사회적 고립이 병의 원인이라고 생각할 수 있는 것이다. 또한 고립 상태에 있으면 고령자 씨에게 흔하게 발병하는 알츠하이머형 치매 등 천천히 진행되는 치매를 주위에서 눈치채지 못하는 문제도 생길 수 있다.

→ 혼자 살고 있더라도 가족이나 지역 사람들과의 연결 고리가 있으면 사회적 고립 상태에 있다고 할 수는 없다. 무언가 변화가 있을 때 이를 눈치챌 수 있는 사람이 주위에 있는 것이 중요하다. 그러면 치매의 대책, 조기 발견으로 이어지기 쉽다.

심리적 고립

자신의 기분을 누구도 이해해 주지 않는 상태.

심리적 고립은 사회적 고립과 대응되는 말이다. 주변에 아는 사람이 많이 있어도 자신의 마음과 괴로움을 이해해 주지 않으면, 그 사람은 심리적인 고립 상태에 있다고 말할 수 있다. 특히 고령자 씨가 심리적으로 고립되어 있다고 느끼는 경우는 치매 등이 원인이 되어 타자와의 소통 능력이 저하되고 자신의 생각을 잘 전할 수 없게 되었을 때이다.

→ 치매에 걸린 고령자 씨에게는 각자 특유의 표정과 성격, 취향, 말과 행동의 패턴이 있다. 이러한 것들을 잘 파악할 수 있는 이는 평소에 접촉하는 사람들이다. 서두르지 말고 천천히 마주하는 것이 고령자 씨의 자존심을 지키고 안도감을 높이는 길이다.

저장 강박 증후군

> 불필요한 물건을 버리지 않고 쌓아 두어 일상생활에 지장을 일으키는
> 장애를 말한다.

어떤 고령자 씨는 생활 쓰레기와 오래된 옷, 헌 신문과 잡지 등 통상적으로는 버려야 하는 것을 못 버리고 정리도 하지 못한 채 집을 쓰레기장처럼 만들어 버린다. 이것은 '저장 강박 증후군'이라고 부르는 뇌 기능 장애의 한 종류다. 뇌손상, 뇌혈관 장애의 후유증, 치매, 그 외 정신 질환 등이 원인으로 꼽힌다. 자택을 쓰레기장으로 만드는 고령자 씨 중에서도 가장 심각한 것이 치매가 원인인 경우다. 일반적으로 여성보다 남성이 치매가 발병할 가능성이 높으며 연령이 높아질수록 발병하기 쉽다고 한다.

뇌의 기능 장애가 원인이라면 그에 맞춘 치료와 대책을 실행할 필요가 있다. 본인은 강박적으로 물건을 쌓아 놓고 있다고 생각하지 않는 경우가 많으므로, 주위 사람들이 이를 잘 설득하는 것이 중요하다.

→ 전문의의 진단을 받도록 설득하고 약물 치료나 인지 행동 치료를 통해 일상생활에 지장이 없도록 한다.

반사회적 행동

사회적 규범에 비추어 명백히 일탈된 행동을 하는 것.

반사회적 행동이란 법률과 상식을 포함한 사회의 규칙 전반에서 벗어나는 행동을 말한다. 청소년의 문제 행동을 가리킬때가 많지만, 고령자 씨 특유의 반사회적 행동도 있다. 원인은대부분 '고독'이다. 사람은 사회적 동물이기 때문에 사회적 지원을 받지 못하면 고독을 느끼고 그것이 사회에 대한 분노로이어져서 사회를 곤란하게 만들고자 하는 태도로 나타나는것이다.

고독에 의해 촉발되는 고령자 씨의 반사회적 행동으로는, 자택의 쓰레기장화 외에도 점원과 창구 담당자에게 마구 분노하는 악성 민원인이 되는 것을 예로 들 수 있다. 사회에 대한 분노를 품고 있기 때문에 고령자 씨의 반사회적 행동 하나하나에 따지듯이 주의를 주어도 불에 기름을 부을 뿐이다. 문제 해결을 위한 거의 유일한 특효약은 고령자 씨들의 고독을경감시켜 주는 것이다.

→ 정도가 가벼운 문제 행동이라면 '불편한 게 있으신가요?', '혹시 어려운 일이 있으면 말씀해 주세요' 등 친절하게 말을 거는 것만으로도효과를 충분히 기대할 수 있다.

간접 호혜성 커뮤니티

> 도와준 상대 이외의 다른 사람으로부터 '보답'을 받을 수 있는 형태의
> 서로 돕는 사회.

인생은 언제 무슨 일이 일어나도 이상하지 않다. 만일의 경우에 대비해 서로 도울 수 있는 관계의 사람들이 있는 커뮤니티에서 사는 것이 안심이 된다. 그러나 인간관계가 희박한 현대 사회에서 그것을 실현하는 것은 매우 어렵다.

앞으로의 사회가 지향해야 하는 것은 간접 호혜성 커뮤니티라는 사고방식이다. 장기적인 관계 속에서 성립하는 '서로서로' 지탱해 주는 공동체가 아닌, 도와준 상대와는 다른 별개의 사람과 단체로부터 그 보답을 받는 것이 가능한 공동체다. 도움을 받은 쪽이 필요 이상으로 움츠러들 필요가 없고, 도와준 쪽도 '전혀 감사해하지 않는군' 등의 불만을 느끼지 않아도 된다. 가볍게 도와주고, 도움을 받는 그런 공동체가 실현되면 더욱 많은 고령자 돌봄이 가능해질 것이다.

'간접 호혜성'이란 자신이 누군가를 도와줬을 때 직접 도움을 받았던 사람 이외의 누군가로부터 간접적으로 그 보답을 얻을 수 있다는 의미이다. 'OO 씨는 항상 여러 사람에게 친절하게 대해 주니까, 무슨 일이 생겼을 때 이번엔 내가 OO 씨를 위해 발 벗고 나서야겠다'라고 생각하는 사람이 나오는 커

뮤니티를 만드는 것이 중요하다.

→ 고령자 씨뿐 아니라 곤란해하는 사람을 발견하면 서로 도와주자. '서로 도우며'라는 정신은 언젠가 자신이 힘들 때 보답으로 돌아온다.

4부

고령자 씨의
오늘이 힘겹고
위태로운 이유

8장 나이가 들면 왜 급격히 쇠약해질까

장년기가 길어진 만큼 노화와 마주할 시간이 짧아진 현대인

지금까지 건강하게 생활하고 있던 고령자 씨가 급속하게 늙는 경우가 있습니다. 어떤 일이 일어나고 있는 걸까요? 또 주위에서는 어떻게 대응하면 좋을까요?

갑자기 건망증이 심해지거나 발이나 손의 움직임이 둔해지는 등 주변에서는 '아직 그렇게 늙은 나이도 아닌데…'라고 생각하는데도 급격히 노쇠하는 고령자 씨가 있습니다. 어떤 일들이 일어나고 있는 것일까요?

스스로 나이가 들었음을 인지하는 것을 '노화의 자각老性自覺(노성 자각)'이라고 합니다. 즉 '아, 나도 늙었구나…' 하고 확실히 깨닫는 것을 말합니다. 노화의 자각은 다시 '안으로부터의 자각'과 '밖으로부터의 자각' 두 가지로 나뉩니다. 책이나 신문의 작은 글씨를 읽기 어려워지거나 귀가 어두워지는 것은 '오감의 능력 저하'입니다. 이가 빠지거나 백발이 늘어나는 것은 '신체적 징후'입니다. 건망증이 심해지거나 계산이 늦거나 끈기가 없어지는 것은 '정신적 감퇴'라고 합니다. 이것들은 모두 자기 안에서 자각하는 것입니다. 반면에 손자가 태어났다, 정년퇴직을 했다, 배우자나 동년배 친구가 세상을 떠났다, 다른 사람으로부터 노인 취급을 당했다… 이러한 것들이 밖으로부터의 자각입니다.

노년기를 뛰어넘어 갑자기 죽음에 직면하다

노화의 자각은 반드시 부정적인 것만은 아닙니다. 고령자인 것이 일종의 지위로 인식되던 시대였다면 사람들로부터 존경의 대상도 될 수 있었습니다. 그러나 지금은 많은 사람이 노화를 부정적인 것으로 인식하고 안티에이징에 힘씁니다. 이에 관한 노하우도 늘어나고 의학의 진보도 있어서 이제는 70대 후반이 되어도 신체 능력과 용모가 그렇게 노쇠하지 않은 고령자 씨가 많아졌습니다.

그렇지만 영원히 그 상태를 지속할 수는 없습니다. 언젠가는 반드시 쇠약해집니다. **장년기의 상태가 계속된다고 생각**

했는데, 마지막의 몇 년간은 갑자기 돌봄이 필요한 상태가 되어 버리는 것이 현대 고령자 씨의 특징입니다.

　말하자면 장년기가 계속 이어져 노년기가 없는 채로 죽음에 직면하는 시간이 찾아오는 것입니다. 이는 곧 죽음을 준비할 시간이 충분하지 않다는 것을 의미합니다. 노화의 자각을 자연스럽게 받아들이고, 몸도 마음도 조금씩 노화를 향해 가는 시대의 사람들은 자신이 노인이라는 것과 죽는다는 것을 자연스럽게 받아들일 수 있었습니다.

　그러나 지금은 뇌졸중과 심근 경색 등의 무거운 질환으로 병원에 실려 가 입원하는 것을 계기로 노화와 마주할 수밖에 없는 시대입니다. 갑자기 죽음과 직결되는 노화를 맞닥뜨리게 되어, 이를 경계로 갑자기 훅 늙어 버리는 고령자 씨가 많은 것도 무리는 아닐 것입니다.

　50~60세 정도에 노화를 느끼는 경우도 있지만 그때는 아직 막연한 '불안함'입니다. 그러나 70~80대의 고령자 씨가 느끼는 노화는 죽음과 연결되는 것으로 인식됩니다. 그렇기에 이때는 '공포'를 느낍니다. 불안과 공포는 심신에 주는 부담이 완전히 다릅니다. 당연히 공포 쪽이 심각한 부담을 주며, 그로 인해 급격한 노화가 진행되는 것입니다.

자신감을 상실하면 갑자기 늙어 버린다

이상은 장년기에서 노년기를 건너뛰고 초고령기에 돌입하는 형태가 되어 버린 오늘날 고령자 씨의 사정에서 오는 급격한 노화의 메커니즘입니다. 그런데 그중에는 아직 완전히 늙어 버릴 나이도 아니고, 신체적으로도 그렇게 쇠약하지 않은 사람이 갑자기 훅 늙어 버리는 경우가 있습니다. 그 원인으로 생각할 수 있는 한 가지가 바로 자신감 상실입니다.

아무리 본인이 아직 젊다는 자각이 있어도 모든 신체 기능이 젊은 시절 그대로일 수는 없습니다. 예를 들어 자신은 기억력이 여전하다고 여겼는데 가족과 친한 사람들로부터 "최근에 깜빡깜빡하시네요"라는 지적을 받는 경우가 있습니다. 고령자 씨에게 자신의 건망증에 대한 자각이 없는 것은 기억력이 완전히 감퇴한 것은 아니고 메타 기억(자신의 기억에 대해 '기억하고 있는가, 그렇지 않은가'에 대한 인식)이 여전히 높은 상태이기 때문입니다. 가족 입장에서는 걱정되어서 지적한 것일 뿐인지도 모릅니다. 고령자 씨 본인은 분명히 기억력은 있는데, 실제로 중요한 것을 어딘가에 두고 잊어버리는 경험을 하면서 지금까지 긍정적이었던 마음이 완전히 방향을 바꾸어 자신감과 살아갈 의욕을 잃고 급격하게 늙어 버리는 결과를 불러옵니다. 하지만 이것은 누구의 잘못도 아닙니다. 가족은 고령자 씨를 위해 지적한 것이니까요. 좋고 나쁘고의 문제가 아니라 이것이 현대 장수 사회의 특징이라고 할 수 있는 것입니다.

안티에이징도 나쁜 것은 아닙니다. 마지막을 맞이하는 날까지 하루라도 더 오래 건강하게 살고 싶다는 것은 고령자 씨의 솔직한 마음이자 가족과 사회의 바람이기도 합니다. 그러나 안티에이징이 더 이상 효과를 내지 못하는 시기는 반드시 찾아옵니다. 그때가 오면 사람은 어떻게 노화와 마주해야 할까요? 모든 사람이 생각해 두어야만 하는 문제입니다.

'노화'에 관한 키워드

노화의 자각

자신이 '나이가 들었다', '늙었다'고 자각하는 것.

스스로의 노화를 자각하는 것은 크게 두 가지 타입으로 나눌수 있다. 하나는 자기 내부에서 일어나는 '안으로부터의 자각'이다. 이것은 더 나아가 물건이 잘 보이지 않거나 귀가 잘 들리지 않는 '오감의 능력 저하', 주름이나 흰머리가 늘어나거나이가 빠지는 등의 '신체적 징후', 깜빡하는 일이 늘거나 끈기가 없어지는 등의 '정신적 감퇴'로 분류할 수 있다.

다른 하나는 '밖으로부터의 자각'이다. 자식의 성장과 손자의 탄생, 배우자와 친구의 죽음, 정년퇴직 등 주위의 일과 사정으로부터 노화를 자각하는 것이다. 다른 사람에게서 늙은이 취급을 당하는 경험도 외부의 자각으로 볼 수 있다.

현대에는 안티에이징 의식이 높아지면서 80세 정도까지는별로 나이를 먹었다고 자각하지 않는 사람이 늘어나고 있지만, 반대로 이 시기를 지나면 돌봄이 필요한 상태가 되는 등갑자기 노화를 실감하게 되는 것이 특징이다. 이렇게 장년기에서 급격하게 만년을 맞이하는 고령자 씨는 갑자기 죽음과 마주하는 것을 피할 수 없을뿐더러, 죽음에 대한 준비를 충분히 할 수도 없다. 현대 노화의 자각은 뇌졸중이나 심장 발작 등으로 병원에 실려 가면서 비로소 일어나는 경우도 많다. 갑작스러운 변화로 도망칠 수도 없는 노화를 자각했을 때에 느끼는 공포는 큰 법이다. 그렇게 되지 않기 위해서라도 조금씩 늙어 가는 자신과 마주하는 것이 중요하다.

→ 조금씩 노화와 마주한다는 의식을 가지면 불안을 느낄 수는 있겠지만 어느 날 갑자기 노화를 자각하는 경우와 비교했을 때 급격한 노화를 피할 수 있다.

신체적 노화

체내 환경을 일정하게 유지하는 기능이 저하되는 것.

사람의 생애는 성장기, 생식기, 생식 후기 세 가지로 분류할 수 있다. 생물의 가장 큰 목적은 자손을 남기는 것이므로, 생식기를 지나면 항상성^{Homeostasis}(자신의 주위 환경이 변해도 체온과 혈류량 등의 체내 환경을 일정하게 유지하는 신체 기능을 가리킨다)이 저하된다. 생식기까지는 내장의 신진대사와 호르몬을 분비하는 기능도 제대로 기능하지만 이 기간이 끝나면 필요가 없어진다. 이것이 신체적인 관점에서 본 노화의 원인이다. 피부에 주름이 생기거나 흰머리가 나고, 기온 차에 약해지거나 쉽게 지치는 것도 대부분이 항상성 저하에 원인이 있는 것으로 여겨진다.

→ 신체적인 노화는 나쁜 측면만 있는 것은 아니다. 몸의 자유가 줄어든 만큼 정신적인 풍요로움을 추구하는 등 보다 창조적인 부분에서 성장할 수 있는 가능성도 있다. 조금이라도 노화의 좋은 측면에 주목해 보자.

마음의 노화

정체성을 상실하고 살아갈 기력이 쇠하는 내면의 변화.

노화는 정신적인 것에서부터 급격히 진행되기도 한다. 유력한 원인 중 하나가 정체성 상실이다. 정체성이란 자기는 물론이고 타인도 인정하는 자신의 존재, 또는 스스로가 지금까지 어떻게 하여 현재의 자신이 되었는가 하는 감각을 가리킨다. 예를 들어 지금까지 '회사 인간'이었던 사람이 퇴직하면 '나는 이런 사람이다'라는 것이 없어지고 마음이 갑자기 늘어 버린다. 그렇게 되면 자연스럽게 동작도 느긋해지고 새로운 것에 도전하는 일도 없어져서 결과적으로 몸도 쇠약해진다.

한편 사람은 죽을 때까지 성장한다는 견해도 있다. '회사 인간'이 퇴직한다고 성장이 멈추는 것은 아니다.

→ 마음이 늙어 버린 사람에게 '사람은 언제까지고 성장할 수 있다', '노화 역시 성장이다'라는 것을 알려 주자.

초고령기

고령자의 구분 중 80세 또는 90세 이상.

'고령자'라는 단어로 한데 묶어도 그 범위는 꽤 넓다. 현재 고령자는 만 65세 이상으로 정의되어 있지만, 노년학 관련 7개 학회로 구성된 일본 노년학회와 일본 노년의학회는 고령자의 정의를 75세 이상으로 다시 조정하자는 의견을 발표했다.

동 학회에 의하면 고령자의 신체 상황과 활동 능력을 과학적으로 검증한 결과 10~20년 전과 비교하여 5~10세 정도 젊어진 현상이 나타났고 사회적으로도 70세 이상, 75세 이상을 고령자라고 생각하는 의견이 많다고 한다. 따라서 고령자의 정의를 다음과 같이 재검토할 것을 주장하고 있다.

- 65~74세: 준고령자
- 75세~89세: 고령자

- 90세 이상: 초고령자

　이러한 기준은 고령자의 정의를 재검토함으로써 65세 이상 준고령자의 자주적인 사회 참여를 촉진하고, 도움을 받는 쪽이 아니라 사회를 지탱하는 주역이라는 인식으로 바꾸는 계기로 삼고자 하는 주장에 기초한다.

→ 초고령자가 독거 생활을 하는 경우 고독사의 위험도 커진다. 이러한 위험이 다른 고령자 이상으로 높다는 것을 고려하고 그 마음을 배려하여 다가가는 것이 중요하다.

프레일

> 노쇠, 쇠약. 일상생활을 위한 동작을 혼자서 할 수 없게 되기 일보 직전 상태를 가리킨다.

　프레일Frail은 '허약'이라는 뜻으로, 일반적으로는 배설과 보행 등 자립하여 생활하는 것에 필요한 동작이 '전혀 불가능한 것은 아니지만 그렇게 되기 일보 직전의 상태'를 말한다.

　프레일에는 여러 가지 기준이 있으나 일본에서는 아래 표의 'CHS 기준'을 사용하여 판단하는 경우가 많다. 이들 다섯 항목 중 세 가지 이상 해당하는 경우 프레일로 판단된다. 프레일은 단순히 신체적인 것뿐이 아니다. 인지 기능 장애 등의 '인지적 프레일', 고독과 고립, 틀어박혀 밖에 나오지 않는 현상과 관련한 '사회적 프레일' 등도 문제가 되고 있다.

체력과 일상생활에 필요한 기능이 저하되면 행복감도 줄거라고 생각하는 사람이 대부분일 것이다. 실제로 전기 고령자와 후기 고령자는 행복감도 저하된다는 조사 결과가 있다. 그러나 초고령자의 경우에는 그렇게 행복감이 저하되지 않는다는 또 다른 조사 결과도 있다.

일본판 CHS 기준 (J-CHS 기준)

항목	평가 기준
1. 체중 감소	6개월에 2~3kg 이상 체중 감소
2. 근력 저하	악력: 남성 26kg 이하, 여성 18kg 이하
3. 피로감	(최근 2주 동안) 이유도 없이 피곤함을 느낀다.
4. 보행 속도	일상 보행: 1.0m/초 이하
5. 신체 활동	① 가벼운 운동, 체조 등을 하고 있습니까? ② 정기적인 운동이나 스포츠를 하고 있습니까? 위의 두 항목 모두 '주 1회도 하지 않는다'라고 대답

출처: Fried ら the Cardiovascular Health. Study より.

→ 위의 항목 중 세 가지 이상 해당되면 프레일로 진단. 하나 또는 두 가지에 해당되면 프레일 전 단계.

이처럼 일견 모순되어 보이는 결과에 대해서는 여러 해석이 있다. 그중에서 유력한 것은 전기 고령자와 후기 고령자보다 초고령자가 '정동 조정'이 발달되어 있다는 가설이다. 간단히 말하면 부정적인 감정에 어느 정도 타협하고, 스스로가 놓인 상황에 잘 적응하고 있다는 것이다. 신체 기능이 저하되는 절망감을 극복하고 행복감을 높이는 고령자 씨의 심리 상태를 사회학자인 라스 토른스탐Lars Tornstam은 '노년 초월Gerotranscendence'이라고 명명하며 긍정적으로 파악하고 있다.

행복한 초고령자로서 풍요로운 만년을 보내기 위해서는 나이를 먹는 것에 보다 부정적인 감정을 갖기 쉬운 전기와 후기 고령자 시기를 어떻게 극복하는지가 중요하다. 이를 위해 나이를 먹는 것의 좋은 점에 조금이라도 주목하는 것이 필요하다. 보다 구체적인 대처법을 열거하자면 신체적인 프레일은 집 안에 틀어박히거나 운동 부족, 식욕 감퇴, 저영양, 체중 감소, 근육 감소, 이동 곤란 등 노인 증후군의 악순환이 심해지므로 어떤 도움이든 필요하다. 인지적 프레일은 뇌를 훈련하고 생활 습관 개선이 필요하다.

→ 사회적 프레일은 포괄적인 개념이므로 용어의 사용에 신중할 필요가 있다. 그러나 고령자 씨에게 있어서 사회관계와 사회 환경의 취약함이 큰 위험 인자라는 것을 많은 사람에게 인식시키기 위해서는 유효한 용어라고 할 수 있다.

9장 | 고립된 생활을 하면 치매에 걸리기 쉬울까

흐트러진 일상과 불규칙적인 식생활이 질병 위험을 높인다

바깥세상과의 관계가 줄어들면 생활 습관병과 치매의 위험도가 높아집니다. 다소 귀찮더라도 서로 신경을 써야만 피할 수 있는 문제가 많이 있습니다.

핵가족의 증가와 도시로의 인구 집중은 혼자 사는 고령자 씨의 증가로 이어집니다. 여기에는 여러 가지 문제가 잠재되어 있는데, 치매(인지 저하증)를 부르는 위험 인자 또한 그중 하나입니다.

혼자 생활하는 것이나 방 안에만 틀어박혀 있는 것이 고령자 씨 치매의 직접적인 원인은 아닙니다. 그러나 치매 환자 가운데 방 안에 틀어박혀 있었던 사람과 그렇지 않았던 사람의 비율을 비교했을 때 **틀어박혀 있었던 사람의 발병률이 높은**

것만은 확실합니다.

치매의 원인 질환은 70종류 이상이라고도 하고, 80종류 이상이라고도 합니다. 그중 90%는 알츠하이머형, 레비 소체형 Lewy bodies, 뇌혈관성의 3종류와 이것들의 혼합형이 차지하고 있습니다. 알츠하이머형과 레비 소체형은 원인이 아직 확실히 밝혀지지 않았기 때문에 혼자 사는 것, 방 안에 틀어박혀 있는 것과의 관계에 대해 단언할 수 없습니다. 그러나 뇌혈관성 치매는 원인이 밝혀지고 있습니다. 그 대부분은 뇌경색과 뇌출혈의 후유증입니다.

뇌경색과 뇌출혈을 일으키는 최대 위험은 동맥 경화라고 알려져 있습니다. 주요 원인이 되는 것은 고혈압, 이상 지질 혈증(고지혈증), 당뇨병, 흡연 등입니다. 모두 생활 습관병 또는 그에 연관된 행위로, 균형 잡히지 않은 편식과 운동 부족 등 나쁜 생활 습관이 동맥 경화를 불러오는 것입니다.

혼자 사는 고령자 씨가 특히 위험한 이유

혼자 살거나 방에만 틀어박혀 사는 사람 모두에게 해당하는 것은 아니겠지만, 그러한 고령자 씨들의 생활 습관이 흐트러지기 쉬운 것은 부정할 수 없습니다. 최근에는 인스턴트식품과 편의점 도시락으로 매일 식사를 때우는 고령자 씨가 늘어나고 있는데, 이러한 편중된 식사는 염분과 지질, 당질을 지나치게 많이 섭취하는 결과를 가져오기 쉽습니다.

세대적 특징으로 보면 담배를 피우는 고령자 씨도 아직 많습니다. 대화할 상대가 없어지면 피우는 담배의 개수도 자연스럽게 늘어날 것입니다. 혼자서 밖에 나가는 것이 귀찮아지면 다리와 허리를 움직이는 빈도도 낮아집니다. 이렇게 되면 동맥 경화 위험이 더욱 높아지는 것도 당연합니다. 뇌혈관성 치매에 관해서는 혼자 사는 것과 방에만 틀어박혀 지내는 것이 충분히 원인이 될 수 있습니다.

만약 치매 증상이 나타나더라도 혼자 살거나 틀어박혀 지내는 생활로 인해 타자와 접할 기회가 적은 사람은 그것을 눈치챌 기회가 적을 것입니다. 깨닫지 못하는 사이에 증상이 진행되면 장을 보러 가지 못하고 식사도 하지 못한 채 쇠약해져 버릴지도 모릅니다. 불을 제대로 단속하지 못해 화재 사고를 일으킬 위험도 있습니다. 이러한 일이 발생하고서야 겨우 주위에서 알게 되면 이미 때는 늦습니다.

외부와의 접촉이 줄어서 일어나기 쉬운 것은 치매만이 아닙니다. 심질환, 암, 호흡기 질환 등 고령자 씨가 걸리기 쉬운 병의 원인이 되기도 합니다. 뿐만 아니라 사망 위험은 보통의 약 2~3배입니다.

혼자 사는 것과 방에만 틀어박혀 지내는 것에는 알코올 의존증의 위험도 있습니다. 혼자 사는 외로움과 고독의 쓸쓸함을 달래기 위해 주량이 느는 사람은 어느 세대에나 있습니다. 더욱이 이것을 말리는 사람이 없으니 계속 주량이 늘어나는 것입니다. 일을 하지 않는 고령자 씨라면 술을 마시는 시간도 무제한입니다. 밤낮을 가리지 않고 마시면 결과는 자명할 것입니다.

알코올 의존증이 되면 그만큼 식사량이 줄거나 영양 불균형이 됩니다. 특히 비타민 B1이 결핍되면 알코올과의 상호 작용으로 베르니케-코르사코프 증후군^{Wernicke-Korsakoff Syndrome}이라고 불리는 치매와 유사한 증상이 나타날 수도 있습니다. 조기에 발견해 적절한 치료가 이루어지면 회복할 가능성이 있지만 장기간 방치되면 회복이 어렵습니다.

치매든 그와 비슷한 질환이든 주위와의 교류가 적은 고령자 씨에게는 그러한 위험이 있는 것입니다. 자립 생활이 고령자 씨에게 있어 모든 면에서 마이너스가 되는 것은 아니지만, 역시 다른 누군가의 눈길이 닿는 것이 이러한 위험을 줄이는 방법입니다. 깜빡하는 것이 심해졌거나 지금까지 할 수 있었던 것을 더 이상 하지 못하게 되는 등 조금이라도 치매가 의심된다면 가능한 한 조기에 의사의 진단을 받도록 주위 사람이 권해야 합니다.

완치가 어려운 경우에도 병의 진행을 늦추거나 적절한 케어를 받는 것으로 평안한 일상을 보내는 것이 가능합니다. 치매 증상이 아직 나타나지 않은 사람도 꼭 평소의 생활 습관을 바로잡기 바랍니다.

'치매'에 관한 키워드

나 홀로 식사·혼밥

홀로 외로이 식사를 하는 것.

혼자 사는 고령자 씨는 식사도 혼자서 하는 경우가 많다. 만약 젊은이라면 설령 혼자 살고 있어도 직장 동료나 친구, 교제 상대 등과 함께 식탁에 둘러앉을 기회가 있을 것이다. 그러나 고령자 씨는 그마저도 어렵다. 외출할 기회가 한정되고, 나이가 들수록 마음이 맞는 동료도 줄어든다. 자기 한 사람을 위해 요리를 하는 것도 귀찮아지기 때문에 편의점 도시락 등 간편 조리 식품으로 때우는 경우가 많아지고 그것이 영양 불균형으로 이어질 우려가 있다.

→ 식사는 건강 유지의 기본이다. 인스턴트식품과 편의점 도시락만 매일 먹으면 동맥 경화 등의 생활 습관병이 발병하기 쉽다. 타자와의 소통을 한다는 의미에서도 혼자 먹는 것을 피하는 것이 중요하지만, 그와 동시에 영양 균형을 맞추기 위해서 가능한 한 주위에서 신경을 써 주도록 하자.

알코올 의존

> 술을 마시지 않고서는 생활할 수 없는 상태.

홀로 식사가 문제인 것은 알코올 의존에 빠지기 쉽다는 점도 있다. 집에 틀어박히기 일쑤인 고령자 씨는 낮에 사람을 만나거나 야외에서 활동하는 일이 없어지기 때문에 음주의 유혹을 뿌리치기 힘들다. 낮부터 술을 마셔서 사람을 만날 수 없고 야외 활동도 할 수 없는 악순환에 빠져 버릴 뿐만 아니라 신체적으로도 문제가 생긴다. 알코올 의존으로 인해 고형식을 먹는 양이 줄고 비타민 B1이 결핍되면 알코올과의 상호 작용으로 베르니케-코르사코프 증후군(비타민 B1의 결핍에 의해 뇌간부에 출혈이 발생하여 치매와 같은 증상이 나타난다)에 걸릴 우려가 있다. 고령자 씨는 젊은이에 비해 체내에 수분 비율이 낮아 알코올 혈중 농도가 높아지기 쉽다.

→ 의존은 조기 발견, 조기 치료가 가장 중요하므로 주위의 눈이 중요하다. 또한 스트레스로 인해 알코올 의존이 되기 쉬우므로 알코올 섭취 이외의 스트레스 해소법을 추천하자.

가성 치매

> 언뜻 치매처럼 보이는 우울증 증상으로 고령자에게 많이 나타난다.

가성 치매는 고령자 씨의 우울증에서 나타나는 전형적인 증상 중 하나다. 주의력, 집중력, 판단력, 기억력 등이 저하되기 때문에 치매라고 진단되는 경우가 많으나 실제로는 우울증이 원인이다. 의료 기관에서 치매 치료를 받고 있음에도 불구하고 개선되지 않는 경우는 가성 치매일 가능성이 있다.

일반적인 치매와 가성 치매의 큰 차이는 가성 치매 쪽이 증상 발현이 급격하고 같은 증상이 진행되지 않으며 지속적인 식욕 부진 경향이 보이는 것 등을 들 수 있다. 항불안제 등을 복용해 치료한다.

→ 고령자 씨의 우울증은 생활 사건^{life event}의 영향으로 발병하는 경우가 많다. 어떤 괴로움을 안고 있는 고령자 씨가 있다면 공감과 지지의 마음을 가지고 대하자.

알츠하이머형 치매

뇌의 신경 세포가 급속히 줄어들어 일어나는 치매.

알츠하이머형 치매는 치매 중에서도 가장 많고 폭넓은 연령층에서 발병하는데, 그중 가장 많은 것은 65세 이상의 고령자다. 주된 증상은 뇌의 신경 세포 감소를 동반한 건망증과 시간이나 장소에 관한 인식 감퇴다. 이것이 원인이 되어 폭언을 하거나 불안이나 침울함을 느끼는 경우도 있다. 증상은 천천히 진행되고 환자의 약 절반이 발병 후 수년 안에 누워만 있게 되며, 약 8~10년 안에 사망에 이른다고 한다. 원인은 불분명한 점이 많지만 발병 위험을 높이는 인자 몇 가지는 특정되어 있다. 당뇨병이나 고혈압, 두부 외상 등이 대표적이다.

→ 근본적인 치료는 어렵지만 약의 복용 등으로 증상을 개선시키고 진행을 늦추는 것은 가능하다. 약물 요법 외에 운동 요법, 음악 요법, 생애 회상 요법 등이 효과가 있다.

레비 소체형 치매

뇌 속에 비정상적인 물질이 축적되어 발병한다.

레비 소체라고 불리는 비정상적인 구조물(섬유성 단백질이 응축된 것)이 신경 세포 내부에 축적되어 발병한다. 주로 65세 이상의 고령자에게 많이 나타나며 특히 남성에게 많은 경향이 있다. 증상으로는 인지의 변동성(시간과 장소에 따라 문제없이 의식이 깨어 있는 때와 멍하니 있으면서 기능 저하를 일으키는 때가 번갈아 나타난다), 환상, 파킨슨니즘(파킨슨병과는 다른 원인에 의해 발생한 동일 증상을 가리킨다), 렘수면 행동 장애(자면서 큰 소리를 내거나 난동을 피운다) 등이 있다. 근본적인 치료법은 아직 발견되지 않았기 때문에 대증 요법이 중심이 된다. 약물 요법 이외에 발병자의 환경을 조정하는 것이 효과적이다.

→ 레비 소체형 치매가 의심될 때는 초기부터 환시가 일어나기 때문에 빨리 진단을 받고, 환시는 뇌 질환에 의한 것이라는 걸 본인과 주변 모두 이해하고 익숙해지는 것이 중요하다. 또한 넘어지기 쉬우므로 생활 환경에서 가능한 한 장애물을 제거할 필요가 있다.

뇌혈관성 치매

> 뇌의 혈관이 병으로 인해 악화되어 생기는 치매.

치매 중에서도 알츠하이머형 다음으로 사례가 많은 것이 뇌혈관성 치매다. 나이가 들어 뇌졸중, 동맥 경화 등이 원인으로 발생하는 뇌의 혈관 장애에 의해 발병한다. 주된 증상은 기억 장애, 보행 장애, 배뇨 장애 등이다. 또한 우울감과 언어 발화 곤란, 이해력 저하, 감정을 컨트롤하는 능력 저하 등으로 나타나는 경우도 있다.

뇌혈관성 치매의 대책은 고혈압과 당뇨병, 동맥 경화 등이 원인이 되는 경우에는 이들의 치료를 우선한다. 약물 요법 외에도 운동 요법과 식사 요법이 효과적이지만 이를 위해서는 본인뿐 아니라 주위의 협력도 필요하다.

→ 일단 발생한 뇌세포의 장애가 완전히 원래대로 돌아오는 경우는 없기 때문에 주위 사람들은 그 사실을 충분히 이해하고 재활과 평소의 생활을 지켜봐 주어야 한다.

전두측두엽 치매

뇌의 전두엽과 측두엽이 위축되어 발생하는 치매.

다른 치매만큼 발생 비율이 높지는 않지만, 뇌의 전두엽과 측두엽 등 특정 신경 세포가 위축하여 이 치매를 발생시키는 경우가 있다. 주요 증상은 언어 발화 및 언어 이해의 곤란, 건망증, 문제 행동 등이 있다. 몸가짐에 신경을 쓰지 않거나 폭력적인 언동을 하고 좀도둑질을 반복하는 고령자 씨가 있다면 이 병을 의심해 보아야 할지 모른다.

전두측두엽 치매는 난치병으로 지정되어 있으며 근본적인 치료법은 발견되지 않았다. 타인에게 불쾌감을 주는 경우가 많아 다른 사람이 가까이 가길 꺼려 점점 증상이 심해지는 악순환에 빠지기 쉽다.

→ 의심 증상을 보이면 전문 의료 기관을 찾아가 진료를 받아야 한다. 항상 같은 장소로 외출하는 등의 반복적인 상동 행동을 하는 경우가 많으므로 이를 루틴화하여 치료를 받는 것이 좋다.

치료 가능한 치매

확실한 치료법이 발견되어 있는 치매.

다른 항목에서 다룬 치매는 아직 치료법을 모르지만, 개중에는 치료를 통해 완치를 기대할 수 있는 치매도 있다. 만성 경막하 혈종, 특발성 정상압 수두증 등에 의해 발생하는 치매가 그 예다. 만성 경막하 혈종은 머리를 세게 부딪힐 경우 얼마 지나지 않아 증상이 나타나며 서서히 혈종이 뇌를 압박하는 병이다. 특발성 정상압 수두증은 뇌를 채우고 있는 수액이 너무 많이 고여서 뇌를 압박하는 원인불명의 병이다. 만성 경막하 혈종, 특발성 정상압 수두증은 외과 치료로 회복될 가능성이 있다.

→ 문제는 알츠하이머형 치매 등에 비해 비율이 낮아 다른 치매로 오인되어 적절한 치료를 받기 어렵다는 점이다. 적절한 치료가 이루어지지 않으면 치매가 진행되어 결국 일어나지 못하고 누워 있게 되는 경우가 있다.

치매의 신호·증상의 예

치매의 증상은 크게 기억력 장애, 예측 및 인식 장애, 이해력·판단력 저하 등의 핵심 증상과 행동 심리 증상BPSD, Behavioral and Psychological Symptoms of Dementia으로 구분할 수 있다. 주변 고령자 씨에게 다음과 같은 증상이 나타나면 의료 기관과 상담하자.

1. 건망증 (기억 장애)

- 몇 분 전, 몇 시간 전의 일을 금세 잊는다.
- 같은 것을 몇 번이고 말하거나 묻는다.
- 물건을 넣어 두는 것을 잊거나 특정 장소에 두는 것을 잊는 경우가 늘고 항상 물건을 찾고 있다.
- 약속을 잊는다.
- 옛날부터 알고 있었던 물건이나 사람의 이름을 기억하지 못한다.
- 같은 물건을 몇 개나 계속 사 온다.

2. 시간, 장소를 알지 못한다

- 날짜와 요일을 알지 못한다.
- 잘 아는 길을 헤매는 경우가 있다.
- 일어난 일의 전후 관계를 알지 못한다.

3. 이해력, 판단력이 저하된다

• 여러 절차를 밟는 일이나 예금의 인출 등을 할 수 없게 된다.

• 상황이나 설명을 이해하지 못하고 TV 프로그램의 내용을 이해할 수 없게 된다.

• 운전 등에서 실수가 많아진다.

4. 업무와 가사, 취미, 신변의 일들을 할 수 없게 된다

• 업무와 가사, 취미의 일 처리가 나빠지고 시간이 걸린다.

• 요리의 간을 맞추지 못하게 되고 청소와 세탁을 제대로 하지 못한다.

• 몸가짐을 신경 쓰지 않고 계절에 맞는 복장을 고르지 못한다.

• 먹으면서 음식을 흘리는 일이 늘어난다.

• 세수와 목욕 방법을 모른다.

• 실금이 늘어난다.

5. 치매에 수반하는 행동 심리 증상(BPSD)

• 불안해하며 혼자 있으면 무서워하거나 외로워한다.

• 우울해하거나 마음을 닫고 움츠러들며 아무것도 하기 싫어하고 취미나 좋아하는 TV 프로그램에 흥미를 느끼지 못한다.

• 걸핏하면 짜증을 내고 사소한 일에도 화를 낸다.

• 아무도 없는데 누군가가 있다고 주장한다(환시).

• 자신의 물건을 누군가에게 도둑맞았다고 의심한다(도둑질 망상).

• 목적을 가지고 외출해도 도중에 잊어버려서 돌아갈 수 없게 된다.

출처: 일본 후생노동성 홈페이지

10장 노부모와 함께 살면 왜 사사건건 부딪힐까

세대의 가치관 차이는 생각보다 큰 대립을 낳는다

부모, 자식, 손자가 한집에 사는 3세대 가족의 여러 문제가 조명되는 경우가 있습니다. 이러한 생활에 대해서 고령자 씨는 어떻게 생각하고 있을까요? 서로 기분 좋게 생활하기 위해 할 수 있는 것은 무엇일까요?

'좀 도와줬으면 할 때는 모른 척한다', '손자 돌보기만 무조건 떠넘겨서 나만의 시간이 없어졌다' 등 자식 세대와 한집에 사는 고령자 씨 중에는 이러한 불만을 가진 사람도 있습니다. 옛날에는 고령자 씨가 자식들과 함께 사는 것이 일반적이었습니다. 할아버지, 할머니, 아버지, 어머니, 그리고 아이들. 이러한 3세대 동거가 어디에서나 흔히 볼 수 있는 광경이었으나 지금은 점점 줄어드는 경향을 보이고 있습니다. 부모도 자식도 서로 함께 살고 싶은 생각이 없어지는 것이 가장 큰 이유인 것 같습니다.

경계가 모호한 채로는 살 수 없다

부모 부부와 자식 부부의 2세대 또는 거기에 손자를 더한 3세대 동거란 같은 집에서 복수의 가족이 함께 사는 것을 의미합니다. 세대에 의한 가치관의 차이는 어느 시대건 큰 문제였습니다. 가치관이 다른 가족이 원만히 지내기 위해서는 두 가구의 경계를 확실히 해 둘 필요가 있습니다. 물리적인 경계는 가계비와 식사 등 가사의 역할 분담입니다. 심리적인 경계는 손자의 교육 방침, 각각의 가족에게 언쟁이 발생했을 때 어떻게 관여할 것인가 같은 것입니다. 이것을 애매하게 해 두면 '말이 달라진다', '쓸데없는 참견을 한다' 등 불필요한 말싸움만 계속해서 일어나기 마련입니다.

대가족을 보통이라고 생각하던 시대였다면 애매한 경계에서도 어떻게든 대처해 나갈 수 있었을 것입니다. 가장 연장자인 남성이 가장의 자리에 군림하고 모두가 그 사람이 하는 말을 따르기만 하면 대체로 둥글게 잘 마무리되었습니다. 그러나 사회의 근대화가 진행되면서 사람들의 의식에도 변화가 일어났습니다. 가족의 후계자가 가업을 잇는 것이 더 이상 절대적인 것이 아니게 되었고, 부모와 자식의 사고방식이 달라도 상관없다는 식으로 바뀌었습니다.

그래도 부모가 나이 들어 같이 살지 않으면 안 되는 경우에 '경계'를 설정할 필요가 생기는데, 서로의 주장이 부딪혀 잘 되지 않습니다. 이러한 과정에서 등장하게 된 것이 2세대 주택입니다. 물리적인 경계는 확실히 만들면서, 만약의 경우에는 곧장 서로에게 도움을 주기 위해 달려갈 수 있는 일거양득의 방법입니다.

그런데 이것도 의외로 잘 되지 않습니다. 현관과 거실이 별개라고 해도 같은 부지에 살고 있는 것이어서 경계가 애매해지기 쉽습니다. 반대로 가까이에 있으면서 물리적인 경계가 있는 탓에 관계가 삐걱거리는 경우도 있습니다. 고령자 씨가 누군가의 도움을 구하는 타이밍은 아주 사소한 일 속에서 찾아옵니다.

그러한 때에 고령자 씨는 가까이에 있는데도 도움이 되지 않는 가족에 대해 '도와줬으면 할 때는 모른 척만 한다'고 불만스럽게 생각하거나, 손자의 교육 방침에 한 마디도 못하게 하면서 '돌보는 일만 다 떠넘겨서 나만의 시간을 가질 수가 없다'고 불평하고 싶어지는 것입니다.

가족에 대한 환상이 관계를 무너뜨린다

최근에는 부모와 자식 세대가 같이 살지 않고 각각 독립하여 때때로 얼굴을 보고 사는 생활 스타일이 주류가 되었습니다. 그러나 지금은 또 다시 상황이 변하고 있습니다. 초고령자 씨가 늘어나 부모의 자립이 어려워지거나, 부모 한쪽이 먼저 돌아가셔서 동거를 할 수밖에 없는 상황이 늘고 있습니다. 같이 살게 되는 계기도 간단히 말하면 돌봄이 이유이기 때문에 양자의 권력관계는 과거와 다릅니다. 부모는 보호를 받는 입장이며 자식보다 약한 존재입니다. 돌봄의 고생도 상상할 수 있기 때문에 강하게 자기 생각을 말하지 못합니다. 그에 더하여 건망증을 지적받거나 하면 마음이 움츠러드는 것도 무리가 아닙니다.

이러한 일들이 계속 쌓이면 마침내 큰 불만과 스트레스가 되어 폭발하고 마는데, 고령자 씨에게도 그 자녀들에게도 '가족 신화'라고 불리는 일종의 고정관념이 있기 때문입니다. 가족 신화는 '가족이란 이래야만 한다'고 하는 고정된 사고방식입니다. 이 경우에는 '돌봄은 가족이 해야 행복하다', '부모와 배우자를 돌보는 것은 가족의 당연한 의무'라고 하는 것이 가족 신화의 예입니다. 이러한 생각에 사로잡혀 있으면 부정적인 감정을 표출하지 못하고 울분이 쌓입니다.

부모가 나이 들어 어쩔 수 없는 사정이 있다고는 해도, 같이 사는 것도 돌봄도 원래는 애정을 바탕으로 하는 것임이 틀림없습니다. 그러나 상대방을 배려하는 친밀한 사이일수록 권력관계에 불균형이 있으면 이를 고통스럽게 느끼는 법입니다. 가족만이 늙은 부모의 모든 것을 돌보아야 한다는 것에는 처음부터 무리가 있습니다.

'돌봐 주었는데 조금도 고마움을 느끼지 않는다.' '자기 사정만 우선시하고 남의 기분은 전혀 신경 쓰지 않는다.' 이렇게 느끼는 것은 '돌봄은 가족이 하는 것', '돌보는 것을 힘들다고 생각해서는 안 된다' 등의 가족 신화에 사로잡혀 있는 증거일지도 모릅니다. 서로 무언가 불만을 느꼈을 때에는 원점으로 돌아가서 어떻게 하면 행복하게 생활할 수 있을지 다시 한번 천천히 생각해 보는 것이 중요합니다.

'동거'에 관한 키워드

공의존

> 상대를 생각해서 지탱해 주고자 하였으나 자신도 의존 관계에서 빠져
> 나오지 못해 서로 의존성을 높이는 것.

공의존共依存은 미혼 자녀와 늙은 부모 사이, 특히 아들과 모친
이 빠지기 쉬운 관계다. 나이 든 모친은 아들에게 돌봄을 받
는 것에서 행복을 느끼기 때문에 주위에서 돌보미를 고용하
라는 조언을 들어도 '아들이 있으니까'라며 거부한다. 독신 아
들도 살 곳이나 정신적으로 의지할 곳을 모친에게서 구하고
거기에 대해 은혜를 느끼기 때문에 그런 말을 들으면 모친을
계속 돌볼 수밖에 없다. '내가 하니까 괜찮아'라고 말해 버리
면 이것이 덫이 되어 다시는 되돌릴 수 없어진다. 사람에게는
자신의 언행을 일치시키고자 하는 근원적인 욕구가 있기 때
문이다.

이처럼 공의존은 상대를 위한 것이라고 생각하며 자신이
지탱해 주고 있다고 여기지만, 자신도 그 상호 의존 관계에서
벗어날 수 없어져서 서로에 대한 의존성을 높이는 상태를 가

리키는 임상 심리학 개념이다. 물론 이는 위험한 상태다. 서로 의존하고 있어도 상대가 자신의 뜻대로 되지 않는 경우가 있다. 일심동체인 줄 알았는데 자기 생각대로 되지 않으면 매우 격렬한 분노로 이어지기 쉽다. 그리고 그 상태가 오래 지속되면 학대 등의 불행으로 이어질 수 있다.

공의존 상태인 사람들은 곤란한 상태에 처했을 때 상담할 사람도 없다. 이러한 상황에서 빠져나오기 위해서는 어려운 선택일 수 있으나 역시 사회적 지원 등 제3자에게 개입해 달라는 요청이 유일한 방법일 것이다.

→ 나이 든 모친과 독신 아들만 사는 가구가 근처에 있다면 신경을 써서 공적 지원을 받도록 제안해 보자.

반보성 심리

남에게 은혜를 입으면 그것을 보답해야만 하는 심리.

전문적인 요양 보호사든 가족 간의 돌봄이든 그 근저에는 상대방에 대한 배려심이 있다. 한편 사람은 그러한 배려를 하는 친밀한 관계에서 권력관계의 불균형이 발생하면 고통을 느낀다. 상대방에게 빚을 지고 있는 상태에 불편함을 느끼고 자신이 받은 은혜에 걸맞은 보답을 하지 않으면 마음이 후련하지 않다. 이것이 '반보성返報性'이다.

이것은 돌봄도 마찬가지다. 고령자 씨가 돌봄을 받으면 무언가 보답을 하고 싶지만 심신이 약해져 있기 때문에 충분한 보답이 불가능하다. 정신적 부채감이 해소되지 않으면 지금 자신이 받는 돌봄이 자유를 빼앗는 '속박'이라고까지 느껴지게 된다.

돌보는 쪽에서는 자신의 배려가 속박으로 느껴지리라고는 꿈에도 생각하지 않을 것이다. 오히려 돌봄을 받는 고령자 씨로부터 충분한 반보(은혜를 되갚음)를 기대할 수 없기 때문에 자신의 배려와 애정이 보답받지 못한다고 느낄지도 모른다. 이렇게 되면 고령자 씨가 자신의 노력을 그저 소비할 뿐인 존재라고 여겨져서 이를 받아들이지 못할 우려가 있다.

사람이 나이가 드는 것은 자연스러운 일이다. 따라서 심신이 약해지면 돌봄을 받는 것도 자연스러운 것이라는 인식이 사회 전체에 형성되면 고령자 씨가 그렇게까지 반보성에 집착할 필요도 없어질 것이다.

→ 돌보는 쪽의 입장에서 보면 확실한 사회적 평가와 보답이 중요하다.

세대 차이

세대마다 다른 가치관과 행동 패턴의 차이를 가리킨다.

서로 자라 온 시대 배경이 다르기 때문에 나이 차가 있는 사람끼리 서로를 이해하는 것은 어렵다. 가족 형태의 중심이 대가족에서 핵가족으로 변화한 것 또한 세대 차이에 박차를 가했다. 가치관이 다른 부모 자식이 어쩌다 같이 살게 되어도 원만한 관계를 맺지 못하는 것은 당연하다.

세대 차이를 극복하기 위해서는 현재의 사회 상황에 따른 형태로 다시 세대 간 교류를 활발하게 하는 것 말고는 방법이 없다. 실제로 그러한 욕구는 고령자들 사이에서도, 젊은이들 사이에서도 존재한다. 고령자 씨는 자신들의 경험을 전하는 것으로 사회에 공헌하고, 젊은이들도 그 경험을 전수받아 지식과 지혜를 넓힐 수 있는 그러한 관계를 만드는 것이 더욱 중요하다.

→ 지역 사회에서 고령자 씨와 젊은이들 간의 세대 교류 프로그램이 마련되고 있으므로 참가해 보는 것도 좋을 것이다.

세대성

다음 세대를 지키고 이끄는 것에 관심이 있는 것.

사람은 중년기 이후에 손자 세대와 젊은이들과의 교류를 통해 다음 세대를 지키고 이들을 이끄는 것에 관심을 가지게 된다. 정신 분석학자 에릭슨은 그러한 사람의 특정 단계에서의 관심을 '세대성'이라고 지칭한다. 고령자 씨가 다음 세대에 지식과 스킬을 전달하거나 손자를 키우는 데 협력하는 것도 세대성이라고 하는 인간 특유의 발달 단계의 결과다.

세대성이 발달한 고령자 씨는 자신의 생명이 다음 세대로 이어지는 것을 실감할 수 있기 때문에 자신의 죽음을 받아들일 수 있게 된다고 한다.

→ 세대성에는 개인차가 있으며 이를 잘 발달시키기 위해서는 전수받는 쪽에서 긍정적인 반응(감사와 평가)을 보일 필요가 있다. 그러한 의미에서 세대 간에 좋은 관계를 만드는 것은 매우 중요하다.

세대 경계

다른 세대끼리 같이 살 때의 물리적 및 심리적 경계.

옛날 일본에서는 고령자 씨와 아래 세대가 함께 사는 것이 일반적이었다. 2세대 동거뿐 아니라 3세대 동거도 드물지 않았으며, 대가족이 하나의 가족이라는 감각으로 세대 간의 경계를 그다지 의식하지 않았다. 그러나 지금은 다르다. 고령화가 진행되어 다시 2세대, 3세대 동거가 늘어났지만, 근대화도 많이 진행되어 세대별로 다른 가치관을 존중하고자 하는 사고방식이 주류가 되었다. 가계와 가사의 분담, 자식(고령자 씨에게는 손자)의 교육 방침 등에서 의견이 갈리고 연장자를 따라야만 한다는 분위기도 없어졌다.

이러한 가족 관계가 삐걱거리지 않게 하는 해결책 중 하나가 2세대 주택이다. 물리적인 경계를 정해서 서로의 영역을 침해하지 않도록 했지만 이러한 방법도 완벽하지는 않다. 물리적인 경계가 심리적인 경계를 만들어서 관계가 더 냉랭해지는 위험이 있다. 같이 사는 이점이 없다면 각각 따로 사는 것이 낫다고 하여 2세대 주택도 한때 인기가 시들해졌지만, 고령화가 진행되면서 더 이상 이렇게 따로 살 수도 없게 되었다. 고령자 씨가 더욱 약해지거나 1인 가구가 되면 자식들에게 의존할 수밖에 없는 것이다.

몸이 쇠약해져 젊은 세대와 함께 살게 된 고령자 씨의 입장은 압도적으로 약하다. 상대방의 형편에 맞추어 생활해야만 하고, 이것이 스트레스가 되어 여러 폐해를 불러일으킬 우려가 있다.

→ 가치관이 다른 사람들인 만큼 소통을 면밀히 꾀하면서 서로 보폭을 맞추어 가는 것이 원만한 일상을 지키는 비법이다.

11장 아내와 사별한 남편은 왜 금방 아내 뒤를 따를까

스트레스에 대처하는 남녀의 차이가 수명을 좌우한다

흔히 아내가 죽으면 남편이 치매에 걸리거나 뒤를 쫓는 것처럼 죽는 경우가 있습니다. 거기에는 어떠한 마음의 변화가 일어나고 있는 것일까요? 또한 남녀의 '늙는 방식'에는 어떤 차이가 있을까요?

결혼한 부부는 남성 쪽이 여성보다 나이가 많은 경우가 많으므로 일반화해서 말하기는 어렵지만, 이러한 나이 차를 감안해도 남성 쪽이 비교적 빨리 죽는다는 인식이 있습니다. 사실 미국의 한 조사에서는 배우자와 사별한 사람의 사망률은 여성이 13%, 남성이 25%라는 결과가 나오기도 했습니다. 어째서 아내를 잃은 남편은 뒤를 쫓는 것처럼 바로 죽는 것일까요? 그것은 스트레스 대처 방법에 성별 차이가 있기 때문으로 보입니다.

남성은 혼자 떠안고 여성은 잘 해소한다

사람이 느끼는 스트레스는 크게 일상의 작은 짜증을 의미하는 '데일리 허슬daily hustle'과 인생의 큰일을 의미하는 '생활 사건 life event' 두 종류가 있습니다. 예를 들어 통근 전철에 사람이 너무 많은 것은 데일리 허슬입니다. 한편 생활 사건 중에서도 가장 큰 스트레스의 원인이 되는 것 중 하나가 배우자의 죽음입니다.

강한 스트레스를 받았을 때 사람은 그 스트레스에 대처하기 마련인데 실은 여기에서 남녀의 차이가 있습니다. 스트레스에 따른 대처 행동을 심리학에서는 '스트레스 대처stress coping'라고 하며, 이는 더 나아가 '감정 초점형 대처'와 '문제 초점형 대처' 두 가지로 나뉩니다.

감정 초점형 대처는 자신의 감정을 컨트롤하는 것으로 스트레스에 대처하는 방법입니다. 문제 초점형 대처는 스스로의 행동으로 스트레스의 원인이 되는 문제를 해결하는 방식입니다. 누구든지 이 두 가지 방법을 상황에 맞추어 적절하게 사용하지만 굳이 따지자면 여성은 감정 초점형 대처, 남성은 문제 초점형 대처를 하는 경우가 많다고 합니다. 그리고 이것은 배우자의 죽음과 마주한 경우에도 적용됩니다.

자신이 노력해서 어떻게든 풀 수 있는 스트레스라면 문제 초점형 방식이 더 잘 대처할 수 있습니다. 그러나 배우자의 죽음은 자신이 어떻게 할 수가 없는 것입니다. 즉, 문제 초점형 방식으로는 배우자의 죽음이라는 스트레스에 대처하기 어려운 것입니다. 따라서 여성은 남편을 잃어도 감정을 컨트롤하는 것으로 극복하기 쉬우나, 남성은 아내를 잃으면 그 후에도 계속 스트레스를 떠안은 채 살아가기 쉽습니다. 스트레스는 만병의 근원이며 살아가는 기력을 잃게 할 수도 있기 때문에 자연히 남성 쪽이 단명하기 쉬운 것입니다.

남성은 응석을 부리고 여성은 친구들과 즐겁다

또 한 가지, 배우자를 잃은 후 남녀의 차이로 사별 후에 완전히 변해 버린 생활 적응 방식을 들 수 있습니다. 일반적으로 여성이 배우자를 잃은 후 문제가 되는 것은 생계의 일이며, 남성이 배우자를 잃은 후 문제가 되는 것은 가사의 문제라고 말합니다.

곤란한 상황에 처한다는 것은 다르지 않지만 이러한 때에 여성은 타인에게 도움을 구하고, 남성은 스스로 해결하려는 길을 선택하기 쉽다는 차이가 있습니다. 여성은 공적 지원을 선택해 비교적 단기간에 문제를 해결하는 경우가 많은 반면에, 남성은 혼자서 가사를 떠안다가 언제까지고 그 상황을 벗어나지 못해 스트레스를 안고 사는 패턴을 보입니다.

또한 결혼 생활에 있어 남녀의 역할 차이는 배우자를 잃고 난 후에 재혼 희망 여부에도 크게 영향을 끼칩니다. 남성은 꽤 고령이 되어도 재혼을 희망하는 사람이 많다고 합니다. 남녀는 친밀해지면 서로에게 응석을 주고받는 관계가 되어 해방감과 안도감을 얻고자 하지만, 일반적으로 남성 쪽이 사회에서 고생하며 자기 방어의 갑옷을 입고 살아온 만큼 해방감과 안도감을 주는 사람을 더욱 강하게 원하는 경향이 있다고 합니다.

응석을 받아 주는 쪽인 여성은 경제적인 부담을 남편이 짊어지는 대신 가사를 담당하는 경우가 많지만, 남편이 은퇴하여 집에 있는 시간이 길어지면 가사 부담이 줄어들기는커녕 계속 늘어나서 불공평하다고 느끼는 마음이 쌓이게 됩니다. 남편이 죽고 난 후에는 당연히 그만큼 가사에서 해방되기 때문에 재혼하여 다시 한번 같은 불공평함을 받아들일 생각을 하지 않는 것이 일반적입니다. 이처럼 여성은 자유로워진 시간을 이용해 동성 친구들과 즐거운 시간을 보내는 쪽을 선택하게 됩니다. 재혼 희망이 이루어진 운 좋은 남성은 좋을지도 모르겠지만, 그렇지 않은 대다수의 남성은 스트레스를 안은 채 계속 취약해지는 것입니다.

'외로움'에 관한 키워드

스트레스 대처

스트레스에 대한 대처 방식을 가리킨다.

고령자 씨가 직면하는 인생의 중대사라고 부를 만한 스트레스라고 하면 무엇보다도 배우자를 잃는 것이다. 사람은 스트레스가 많은 상황에 처하면 그에 대처하려고 한다. 이것이 바로 '스트레스 대처'로, 미국의 심리학자 리처드 라자루스^{Richard Lazarus}에 의해 제창된 개념이다. 여기에는 자신의 감정을 컨트롤하는 것으로 스트레스에 대처하는 '감정 초점형 대처'와, 자신의 행동에 의해 스트레스의 원인과 그 상황을 제거하거나 변화시키려는 '문제 초점형 대처'가 있다. 일반적으로 여성이 감정 초점형 대처, 남성이 문제 초점형 대처를 사용하여 스트레스에 대처하는 경향이 있다.

배우자의 죽음을 극복하려면 남성이라도 감정 초점형 대처로 생활 사건에 대처하는 것이 필요하다. 남성 고령자 씨 중에서는 긴 세월의 인생 경험에서 스트레스의 원인을 미리 예측하고, 앞서서 마음의 준비를 하는 사람도 있다.

→ 주위 사람은 고령자 씨가 동세대 사람들과 교류할 수 있는 장을 넓혀 주거나 지원 체제를 마련해 주는 등 마음의 준비를 하기 쉬운 환경을 만들어 주는 것으로 도울 수 있다.

비탄

배우자를 잃었을 때의 전형적인 반응으로 깊은 슬픔을 가리킨다.

'비탄'은 대상 상실에 따른 반응을 나타내는 말로, 고령자 씨에게 가장 큰 비탄을 가져다주는 일을 꼽자면 역시 배우자와의 사별이 압도적으로 많다. 일반적인 '슬픔'과 다른 점은 수면 장애와 식욕 부진 같은 신체적 증상, 우울한 기분과 죄악감 등의 정서적 반응, 환청과 사고의 혼란 등의 인지적 반응, 방안에 틀어박히거나 음주 등 행동적 반응 등 그 반응이 세부적으로 분류된다는 것이다. 배우자를 오랜 시간 동안 돌본 경우 사별했을 때 약간 안도하는 경우도 있는데 이것이 죄악감으로 이어지기도 한다.

→ 유족이 비탄에 빠지는 것은 필요한 것이기도 하다. 그러나 그것이 장기간에 걸쳐 회복이 불가능한 정도가 되는 경우를 '병적 비탄'이라고 한다. 이러한 경우에는 전문적인 대응과 지원이 필요하다.

퇴행 현상

나이에 맞지 않게 어린이로 돌아간 것 같은 행동을 하는 것.

남녀가 파트너 관계를 맺으면 서로에게 어린이처럼 응석을 부리는 경우가 있다. 이와 같이 어린이로 돌아간 것 같은 행동을 취하는 것을 '퇴행 현상'이라고 한다. 친밀한 파트너끼리 퇴행 현상을 보이는 것은 상대방을 신뢰하고 무방비한 모습을 드러내는 것이 쾌감으로 연결되기 때문이다. 그러나 남녀의 사회적 역할 차이 때문에 가정에서는 남성이 여성에게 응석을 부리는 정도가 더 강하다. 그리고 이것이 배우자와 사별한 후에 재혼을 희망하는 의식의 차이로 나타난다. 즉, 배우자와의 사별 후에도 심신이 건강한 경우 남성은 재혼을 바라는 경우가 많고, 여성은 거꾸로 재혼을 희망하지 않는 경우가 많다고 알려져 있다.

→ 여성은 사별 후 남편을 돌보지 않아도 되어 시간에 여유가 생긴 만큼 바깥에 나가 동성 친구들과 시간을 보내고 싶어 한다.

우울감

장기간에 걸쳐 기분이 가라앉아 있는 것.

우울감은 기쁨이나 분노와 마찬가지로 누구나 가지고 있는 감정의 하나이지만, 그것이 매일 끊이지 않고 이어지면 우울증의 인자가 될 가능성이 있다. 이 감정에 영향을 주는 요인 중 하나가 생활 사건이며 그중에서도 특히 큰일이 바로 배우자의 죽음이다. 이러한 사건에 신체 기능의 쇠퇴와 건강 상태의 변화가 합쳐지면 한층 더 우울해질 수 있다.

우울증이 발병할지 여부는 개인차 외에도 사회적 지원의 유무와 주위 사람들의 이해 등도 크게 관련이 있다. 힘들 때 상담해 줄 수 있는 사람이 있는 것만으로도 생활 환경의 변화에 대한 내성과 회복력이 높아진다.

→ 회복이 어려울 때는 약을 복용하는 등의 방법으로 생리적 치료를 병행하는 것도 검토해야 한다.

그리프 케어

비탄으로 인해 생겨난 일상의 장애에 대한 전문적인 케어.

일상생활에 지장을 가져올 정도의 비탄, 즉 '병적 비탄'에 대해서는 전문적인 케어가 필요한 경우도 있다. 호스피스나 완화 케어 등의 의료 현장에서는 그리프 케어grief care 같은 유가족 심리 상담을 통해 유족 케어를 하고 있으며, 의료 기관 중에 유족 외래 병과를 만든 곳도 있다. 또한 사별한 사람들이 서로를 지탱하는 셀프 케어 그룹과 최근에는 상조 회사 중에서 유족 케어를 하는 곳도 있어 이러한 케어가 곳곳에서 어느 정도의 성과를 거두고 있다. 그렇다고 이것이 전부인 것은 아니다. 실제로는 주위 사람들의 일상적인 지지가 더욱 중요하며, 그것이 있어야 전문적인 케어도 가능하다는 걸 명심해야 한다.

→ 우선은 주변의 가족과 지인들이 그 사람의 마음을 이해해 주는 것만으로도 커다란 도움이 된다.

5부

고령자 씨의 내일이 더 나아지려면 무엇이 필요할까

12장 스스로의 힘으로 사회와 좋은 관계 맺기

자립·자율이 기본이지만 어려운 것은 스스럼없이 부탁하자

'죽는 순간까지 건강하게 살자.' 이것을 이상으로 삼으면 그럴 수 없는 경우에는 급격히 낙담해 버리지 않을까요? 서로에게 의지하고 또 기대를 받아 주는 것에서 행복을 찾는 삶의 방식이란 무엇일까요?

일본에는 '핑핑코로리'라는 표현이 있습니다. '살아 있는 동안에는 나이를 먹어도 계속 핑핑(팔팔하게) 건강하고, 죽을 때에는 코로리(바로 쓰러지는 모양) 하고 한순간에 쓰러지는 것'이라는 뜻입니다. 고령자 씨들 중에는 '핑핑코로리가 가장 이상적이다'라고 말하는 사람이 많습니다.(옮긴이 주: 우리나라에는 비슷한 표현으로 '8899124'라는 게 있는데, 88하게 99세까지 살다가 하루만 앓고 이틀째 죽는 것을 의미한다.)

그러나 오래 살수록 몸의 기능은 저하됩니다. 돌봄이 필요한 상태를 맞이하지 않고 죽는 것은 웬만큼 몸이 튼튼하고 자기 주변의 일을 전부 스스로 해낼 수 있는 고령자 씨가 아니면 실현이 어렵다고 해도 과언이 아닐 것입니다.

원래 나이를 먹으면 누구나 약해지는 것이 당연합니다. 그렇기 때문에 인간은 약해진 고령자 씨를 공동체가 다 함께 돌보는 방식을 생각해 냈습니다. 흔히 '돌봄을 받을 때까지 오래 살고 싶지 않다'고 말하는 고령자 씨도 계시지만, 그것은 인간이 쌓아 올린 문화를 부정하는 사고방식입니다. 한 발 더 나아가 '돌봄을 받는 상태에서도 살고 싶다고 하는 것은 지나치게 자신을 사랑하는 것'이라는 생각은 더욱 문제입니다. 치매와 장애가 있는 사람에게도 똑같이 말할 수 있을까요?

많은 사람이 '핑핑코로리가 가장 이상적이다'라고 생각하는 배경에는 성공적 노화의 이상이 있습니다. 성공적 노화는 건강하고 자립된 생활을 영위하며 사회 공헌을 하는 것이야말로 이상적인 노년기라는 생각으로, 미국에서 발생한 사고방식입니다. 일본에서도 이 사고방식에 근거해 돌봄이란 '자립 지원'이어야만 한다고 생각하는 사람이 적지 않습니다. 그러나 자립할 수 없으니까 돌봄이 필요한 것입니다. 나이가 들면 누구든지 안심하고 도움을 받는 것이 가능한 사회, 오히려 이것이야말로 진정 이상적인 사회가 아닐까요? '핑핑코로리가 가장 이상적이다'라는 생각에서 벗어나지 않는 한, 진정한 장

수 사회는 실현되지 않을 것입니다.

진정한 행복은 '자립'이 아닌 '자율'

그렇다면 '자립 지원'이 아니라 진정한 장수 사회를 실현하기 위해 필요한 도움이란 도대체 어떤 것일까요? 그것은 '자율 지원'입니다. '자립'과 '자율', 두 단어는 비슷하지만 의미하는 바는 완전히 다릅니다. 자율이란 다른 말로 하면 '자기 결정'입니다. 즉, 자기의 일은 자기가 스스로 결정할 수 있도록 하는 것입니다.

돌봄 시설에서 받을 수 있는 도움을 예로 들어 봅시다. 전문적인 요양 보호사가 상주하고 있는 특별 요양 시설에 입주한 고령자 씨는 자택에서 가족의 돌봄을 받는 사람보다 오래 산다는 데이터가 있습니다. 일본에서는 목욕과 그 전후에 관계된 일이 원인이 되어 사망하는 사람이 연간 1만 명 정도인데 그중 거의 8할이 고령자 씨입니다. 그러나 목욕할 때 프로의 서비스를 받으면 사고 위험을 큰 폭으로 줄일 수 있습니다. 그만큼 전문 돌봄 시설은 고령자 씨가 안심하고 케어를 받을 수 있는 곳입니다. 그러나 현재 상태에서는 아직 일손 부족과 체제 미비 등으로 인해 고령자 씨가 자율적으로 살 수 없는 시설도 다수 존재합니다.

고령자 씨가 '타인의 신세를 지고 싶지 않다'고 생각하는 이유의 많은 부분은 그렇게 신세를 지면 자율=자기 결정이 불가능해지기 때문입니다. 자기 결정이 가능하다면 '돌봄을 받는 것도 나쁘지 않다'고 생각하게 될 것입니다.

교류가 활발할수록 건강하게 오래 산다

고령자 씨를 위한 지원은 공적인 돌봄 서비스뿐이 아닙니다. 또한 이러한 지원만으로 노후의 모든 것이 안심이라고도 단언할 수 없습니다. 심리학자 제럴드 케플런Gerald Caplan에 의하면 일상적인 대인 관계가 지역의 정신 건강에 적극적인 역할을 한다고 합니다. 고령자 씨의 케이스로 말하면 사회적 지지를 받는 것으로 병에 걸리는 확률과 사망률에도 확실한 영향이 나타난다는 것입니다. 고령자 씨에 대한 사회적 지원에는 일상생활 동작이 편하지 않은 사람을 위한 돌봄과 도움이 있으며, 그 외에도 이야기를 들어주거나 어려움을 겪을 때 함께 있어 주는 것과 같은 정서적 지원 및 문제 해결 방법을 조언해 주는 등 여러 가지가 포함되어 있습니다.

고령자 씨는 사회와의 연결이 희박해지기 쉬우므로 타자와의 관계성이 매우 중요하다고 할 수 있습니다. 개인과 개인에 의한 상호 관계의 총체를 '사회 연결망(소셜 네트워크)'이라고 하는데, 이것의 규모가 크고 타자와의 교류가 광범위하며 활발한 사람일수록 '주관적 행복감'과 자존감이 양호하다고 알려져 있습니다. 물론 사람과 사람이 만나서 소통하는 것이므로 그 크기와 범위뿐 아니라 질적인 부분도 문제가 됩니다.

행복한 고령자 씨를 보는 것은 주위의 사람들에게도 행복한 일입니다. 나이를 먹어도, 다른 사람의 신세를 지게 되어도, 행복하게 지낼 수 있다면 늙는 것도 그렇게까지 나쁜 것은 아닙니다. 분명 누구나 그렇게 생각하게 될 것입니다.

'자율'에 관한 키워드

웰다잉

> 품위 있고 존엄하게 생을 마치는 일. 하지만 최후까지 건강해야 한다거나 타인의 돌봄에 기대지 않아야 품위 있는 죽음인 것은 아니다. 돌봄 여부와 관계없이 얼마든지 품위와 존엄을 지키며 생을 마무리할 수 있다.

일본에는 '핑핑코로리'라는 말이 있다. 팔팔하게(핑핑) 건강하다가 죽음을 맞이할 때에는 고통을 받지 않고 바로 쓰러져서(코로리) 죽는 것을 뜻하는데 많은 고령자 씨가 이상적인 노화의 형태, 죽음의 방식으로 여긴다. 실제로는 오래 건강한 상태가 지속되다가 최후의 7~8년은 돌봄이 필요한 상태로 지내는 사람이 대부분이다.

물론 최후의 그날까지 가능한 한 건강하게 사는 것을 바라고 노력을 계속하는 것은 나쁜 일이 아니다. 그러나 그로 인해 돌봄이 필요하지 않은 사람=승리자, 돌봄이 필요한 사람=패배자로 나누어 버리는 풍조는 결과적으로 많은 고령자 씨를 불행하고 비참한 존재로 몰아붙이는 결과를 낳는다.

→ 나이가 들고 쇠약해지면 다른 사람에게 신세를 지는 것이 당연하다고 여기는 사회가 되어야 한다. 그것이 언젠가는 나이를 먹을 모든 세대에게도 행복한 일이다.

자립·자율

자립은 자신의 일을 스스로 할 수 있는 것. 자율은 자신이 생각한 것을 실현할 수 있는 상태를 말한다.

고령자 씨 케어의 기본 개념 중 하나로 '자립적인 생활을 하는 노년기를 보낼 수 있도록 한다'라는 것이 있다. 핑핑코로리와 같은 발상이다. 따라서 그러한 고령자 케어는 '자립 지원'을 목표로 하게 된다. 그러나 원래 돌봄이라는 것은 자립을 할 수 없기 때문에 받는 것이다. 자립을 장려하는 돌봄이라는 것은 앞뒤가 맞지 않다.

오히려 돌봄의 현장이 지향할 것은 '자립 지원'보다는 '자율 지원' 쪽이다. 자율이란 '나는 이렇게 하고 싶다'라고 생각한 것을 실행할 수 있는 상태를 말한다. 스스로 불가능한 것이 있으면 다른 사람의 힘에 의존하는 것도 훌륭한 자율적 사고방식이다.

→ 고령자 씨 자신과 주변 사람이 '자립'과 '핑핑코로리'에 지나치게 얽

매이면 불행한 정신 상태에 빠질 수 있음을 주의하자. 목표해야 하는 것은 '자율'이라는 것을 명심하자.

자기 결정

자신의 일을 스스로 결정하는 것.

고령자 케어의 목적이 고령자 씨의 '자율 지원'에 있다고 한다면 고령자 씨가 '자기 결정'을 할 수 있는 시스템이 있는지, 또 자유가 있는지가 중요하다. 돌봄 시설에 입소한 고령자 씨는 식사 시간과 목욕 시간 등이 세세하게 정해져 있다. 지금까지는 언제든지 하고 싶은 때에 했던 사람이 타인의 사정에 의해 움직일 수밖에 없게 되면 그만큼 커다란 스트레스를 받는다.

돌봄 시설은 원래 전문가의 도움을 안심하고 받을 수 있다는 점에서 고령자 씨에게 바람직한 장소여야 한다. 하지만 아쉽게도 실제로는 일손 부족 등으로 인해 자유가 제한된 곳이 아직 많은 게 현실이다.

→ 어려운 문제이지만 돌봄 현장은 이것을 분명히 감안한 체제를 만드는 것을 목표로 삼고 노력해야 한다.

행복한 노화

자기 평가를 기준으로 한 행복한 나이 듦을 가리킨다.

미국에서 유래한 말 중에 성공적 노화가 있다. 이는 건강하고 자립적인 생활을 영위하고 사회 공헌도 가능한 나이 듦이라는 의미이다. 그러나 이것은 고령자 씨의 마음을 고려한 사고방식이라기보다는 사회 공헌이 가능한지 여부에 따라 타자의 평가를 받는 뉘앙스가 강하다.

자립보다도 자율, 즉 자기 결정이 가능한 노년기야말로 고령자 씨가 본래 누려야 하는 모습이라는 점에서 보면 성공적 노화보다 실제 목표로 해야 하는 것은 행복한 노화일 것이다. 다른 사람의 눈으로 보아서 자립할 수 있는지 없는지를 판단하는 것이 아니라, 스스로 행복하다고 생각할 수 있는 나이 듦을 중시하는 생활 방식이다.

→ 사람은 언젠가 반드시 자립할 수 없게 된다. 그런 때에도 자율이 지켜지고 있다면 행복감은 사라지지 않는다.

사회 연결망

사람과 사람을 연결하는 전반적인 활동을 가리키는 말.

여기에서 말하는 사회 연결망(소셜 네트워크)은 고령자 씨의 대인 관계 전반을 일컫는다. 은퇴하여 몇 년이 지난 고령자 씨에게 대인 관계의 중심이 꼭 가족이라고만은 할 수 없다. 50세 전후까지는 3~4명으로 생활하는 사람이 많은 데 비해, 고령기에는 2명 이하의 세대에서 생활하는 사람의 비율이 급격히 높아진다. 반대로 친한 친구와 접하는 기회는 고령자 씨 쪽이 젊은이들보다 많다는 조사 결과도 있다.

고령자 씨뿐 아니라 사람은 타자와 교류하는 기회가 많을수록 주관적인 행복감과 자존감이 높아진다고 한다. 그러나 모든 대인 관계에서 그러한 심리가 작용하는 것은 아니다. 중요한 것은 양보다 질이다.

→ 만나고 싶은 사람과 만나고 대화나 취미를 즐기기 위해서는 자기 결정에 근거한 사회 연결망의 구축이 필요하다.

사회적 지원

어려움에 처했을 때 도와주는 사람과 사회 제도 등의 지지 기반.

사회적 지원(소셜 서포트)의 범위는 넓다. 고령자 씨의 이야기를 들어주거나 어려움에 처했을 때 함께 있어 주는 등의 '정서적 지원', 문제 해결 방법을 알려 주거나 필요한 물건과 서비스를 제공해 주는 '문제 해결 지원', '어려움에 처하면 언제든 말씀하세요'라고 말을 건네는 등의 '간접지원' 등 이 모든 것이 고령자 씨를 위한 사회적 지원이라고 할 수 있다.

최근의 연구에서 사회적 지원을 받은 고령자 씨 쪽이 병에 걸리는 비율이 낮고 오래 살 수 있다는 결과가 나온 바 있다. 일상적인 대인 관계가 고령자 씨의 정신 건강에 미치는 영향이 그만큼 크다고 할 수 있다.

→ 사회에 의존하지 않고 살아가는 것도 좋으나 사회적 지원의 장점이 있다는 사실에 더욱 주목할 필요가 있다.

콘보이 모델

자신을 둘러싼 여러 관계의 사람들을 콘보이^{convoy}(호송대)에 비유한 것으로, 개인의 네트워크 구조를 나타내는 모델을 가리킨다.

개인이 삶에서 어떠한 대인 관계를 만들어 가는지를 알기 쉽게 그림으로 나타낸 것이 '콘보이 모델'이다. 이것에 따르면 배우자와 가족, 친한 친구 등은 구성원이 변하는 경우가 드물다. 그에 반해서 이웃이나 직장 동료는 변하기 쉽다는 것을 알 수 있다.

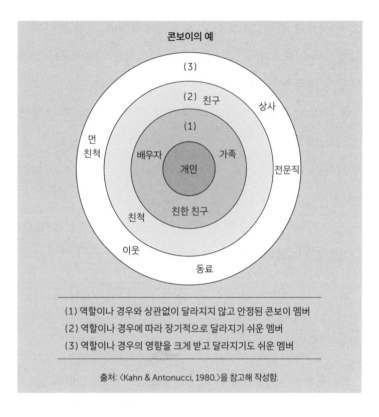

콘보이의 예

(3)

(2) 친구

상사

(1)

면
친척

배우자

가족

전문직

개인

친척

친한 친구

이웃

동료

(1) 역할이나 경우와 상관없이 달라지지 않고 안정된 콘보이 멤버
(2) 역할이나 경우에 따라 장기적으로 달라지기 쉬운 멤버
(3) 역할이나 경우의 영향을 크게 받고 달라지기도 쉬운 멤버

출처: 〈Kahn & Antonucci, 1980.〉을 참고해 작성함.

→ 금방 멤버가 바뀌어 버리는 대인 관계보다 바뀌지 않는 네트워크를
더 중시해야 한다는 건 말할 필요도 없을 것이다. 특히 가족 이외에
친하게 사귀고 지낼 수 있는 친한 친구의 존재는 고령자 씨에게 매
우 중요하다.

이타적 행동

타인에게 도움을 주고자 하는 '자기희생'의 행동을 가리킨다.

자립도 자율도 가능한 고령자 씨가 젊은 세대와 사회에 도움을 주기 위해 적극적으로 행동하는 것은 좋은 일이다. 타인의 이익을 위해 적극적으로 움직이는 것을 '이타적 행동'이라고 한다. 예를 들어 가정과 지역에서의 육아 봉사가 그중 하나다. 지금까지의 경험과 지식을 학교에서 아이들에게 가르쳐 주거나, 등하교 중인 학생들을 지켜봐 주는 활동은 대표적인 시니어 봉사 활동이다.

또한 고령자 씨가 이타적 행동을 통해 행복감을 얻을 수 있는지 여부는, 지원을 받는 사람들로부터의 피드백 유무에 달려 있다는 연구 결과도 있다.

→ 고령자 씨는 감사의 말을 듣거나 웃는 얼굴로 화답하는 것만으로도 행복한 기분을 느낀다. 도움을 받으면 적극적으로 감사의 마음을 전하자.

고령자 사고

많은 고령자에게 발생할 수 있는 사고를 가리킨다.

노화에 따른 신체 기능의 저하는 생각하지 못한 사고를 일으킨다. 후기 고령자는 사고사의 비율이 급격히 증가한다. 연하^{嚥下}(음식이나 수분을 삼키는 것) 능력이 저하되어 음식물이나 침이 폐에 들어가는 오연^{誤嚥}(잘못 삼킴)이 발생하기 쉬워 폐렴으로 사망할 위험성이 높아진다. 또한 뜨거운 목욕탕을 좋아하는 고령자 씨에 발생하기 쉬운 것이 열중증이다. 혈압이 크게 변하면 뇌경색, 심근 경색 등 '히트 쇼크'라 불리는 심장 및 혈관 질환을 발생시킬 우려가 있다. 또한 근력과 시력의 저하가 낙상 사고와 교통사고로 이어지는 일도 있다. 일본과 같이 고령화가 진행된 나라에서는 이러한 사고를 전제로 생활 방식을 생각할 필요가 있다.

→ 예를 들어 히트 쇼크 대처를 위해 탈의실과 욕실을 입욕 전에 따뜻하게 해 두는 등 적절한 대처를 본인은 물론 주위의 사람들도 평소부터 강구해야 한다.

13장

돌봄의 필요성을
인정하고 받아들이기

서로 무리하지 않으면서
거리낌 없이 의지해야 한다

언젠가는 누군가의 신세를 져야 한다는 것, 이것은 분명한 사실입니다.
돌봄을 하는 쪽도 받는 쪽도 인식을 바꾸어 갈 필요가 있습니다.

언제까지고 자립하여 살 수 있다면 그보다 더 좋은 일은 없습니다. 하지만 생애의 약 10% 정도의 기간은 누구나 반드시 타인의 신세를 지면서 살 수밖에 없다는 사실을 자연스럽게 받아들여야 합니다. 10%의 기간은 인생이 80년이라고 하면 8년 전후, 100년이라고 하면 10년 전후입니다.

그 기간 동안 나이가 들수록 식사와 목욕, 배설 등 스스로 할 수 없는 일이 늘어만 가고 돌보는 쪽도, 받는 쪽도 그에 상응하는 스트레스를 받게 됩니다. 이렇게 돌보는 쪽, 돌봄을 받

는 쪽의 심리를 파악하는 것은, 많은 사람이 돌보고 또 언젠가
는 돌봄을 받는 입장이 된다는 것을 생각하면 매우 중요한 일
입니다.

돌보는 사람들이 직면하는 부담과 스트레스

우선 돌보는 쪽의 심리를 생각해 봅시다. 이들은 고령자 씨의
식사와 목욕, 배설 등의 기본적인 돌봄을 매일 계속하게 됩니
다. 신체적인 피로가 날마다 축적되기 때문에 그것도 상당히
힘들 것입니다. 그 이상으로 힘든 것이 정신적인 피로입니다.
특히 치매를 앓는 고령자 씨에게는 특유의 증상이 있습니다.
예를 들어 밤중에 돌아다니기도 하고 '빨리 집에 가고 싶다'며
갑자기 짐을 정리해서 시설 밖으로 나가기도 합니다. 언제 그
러한 상황이 벌어질지 알 수 없습니다. 심지어 그것이 언제까
지 계속될지 모른다는 사실은 돌보는 사람들에게 무거운 스
트레스가 됩니다.

정신적인 이유에서, 또는 실제로 정신없이 하루 종일 돌봄
이 필요한 사람에게서 눈을 뗄 수 없는 상황에 처한 이들 중
에서는 일이나 취미 활동을 그만두는 사람도 있습니다. 그렇
게 함으로써 확실히 부담이 경감되는 부분도 있을 겁니다. 그

러나 일도 취미도 없이 24시간 계속 돌봄만 생각하고 마음을
놓지 못하면 그들의 생활의 질은 현저하게 떨어집니다.

신체 능력이 저하된 고령자 씨의 불안한 일상

돌보미가 그만큼 고통을 짊어졌다고 해서 돌봄을 받는 고령
자 씨가 행복한가 하면, 슬프지만 그렇지도 않습니다. 우리들
은 무언가 마음에 떠오른 것, 이렇게 했으면 좋겠다, 이렇게
해 주었으면 좋겠는데 하는 것들을 말과 태도로 타자에게 전
달합니다. 그러나 소통 능력이 현저히 떨어진 고령자 씨는 그
러한 생각을 잘 전달하기가 어렵습니다. 그 스트레스가 짜증
이 되어 이를 돌보는 이에게 표출하는 일이 빈번합니다.

시설에 입소하는 것뿐 아니라 자식의 집에 함께 살면서 돌
봄을 받는 경우에도 문제는 있습니다. 딸이나 아들에게는 익
숙한 동네지만 고령자 씨에게는 그렇지 않습니다. '여기는 어
디지?'라는 불안한 모습을 보이고, '집에 가고 싶다'고 말하는
것은 자식들을 힘들게 할지도 모릅니다.

그렇지 않아도 돌봄 부담이 큰 가족에게 이렇게 예측하지
못한 일이나 언제까지 계속될지 예상도 할 수 없는 현실은 상
당한 스트레스가 될 수 있습니다. 여유가 없어질수록 고령자

씨의 입장이 되어 생각하는 것이 어려워지고, 설령 그럴 생각이 없었음에도 불구하고 고령자 씨를 거칠게 대하는 일도 있을 것입니다. 이는 돌보는 쪽도, 돌봄을 받는 쪽도 불행한 악순환입니다.

돌보는 마음과 돌봄을 받는 마음이 연결되려면

망상 증상이 나오거나 '집에 가고 싶다'고 말하며 주위를 곤란하게 하는 고령자 씨 대부분은 익숙하지 않은 환경에서 살아가는 것에 대한 불안과 여러 가지 능력 저하에서 오는 짜증을 품고 있습니다. 그 증상을 완화시키고자 한다면 침착한 환경에서 천천히 이야기를 들어주고 마음을 차분하게 만들어 주는 것이 무엇보다 중요합니다.

그렇지만 돌봄을 하는 사람의 몸과 마음에 여유가 없으면 그만큼 배려도 하기 힘듭니다. 이들이 매일 온 힘을 다해 고령자 씨를 돌보느라 다른 여유가 없어지는 것은 결코 바람직하지 않습니다. 그보다는 자신의 즐거움과 삶의 보람을 위한 여력을 남기면서 고령자 씨와 소통하며 돌봐야 합니다. 이는 결과적으로 고령자 씨의 마음도 편해지는 길입니다. 그러므로 돌보는 입장에서는 혼자서 떠안으려 하지 말고 복지 서비스

활용을 반드시 검토해야 할 것입니다.

　돌봄은 가족이 해야만 한다는 생각, 또는 돌봄을 자처하는 가족의 마음은 이해합니다. 그렇기 때문에 더욱 복지 지원을 고려하는 것이 좋은 방안입니다. 특히 아내를 남편이 돌보는 노인-노인 간 돌봄의 경우, 남편은 정신적인 면에서도 정보 면에서도 지원이 부족하기 쉽습니다. 모처럼 마지막까지 함께 돌보아 주기로 한 것인 만큼 서로의 부담을 가능한 한 줄여 주고 돌보는 쪽과 받는 쪽 모두 행복한 결말을 맞이하도록 해야 할 것입니다.

KEYWORD

'돌봄'에 관한 키워드

귀가 고집

> 시설에 입소한 고령자 씨가 '집에 가고 싶다'고 호소하고 투정하는 것을 가리킨다.

우리 일상에는 의식이 외부로 향하는 충실한 시간과 아무것도 하지 않는 공허한 시간이 있다. 공허한 시간에는 여러 가지 일이 머릿속을 맴도는 경우가 많아 고령자 씨는 망상적인 사고에 빠지기 쉽다.

예를 들어 치매가 있는 여성 고령자 씨가 저녁에 집으로 돌아가서 가족의 식사를 준비해야 한다는 생각에 빠지면 다른 여성 입소자들도 덩달아 어수선해지는 경우가 있다. 소위 '저녁 증후군'이라 불리는 증상이다.

한편 치매를 앓는 고령자 씨를 위한 그룹 홈에서 '텔레노이드'라고 하는 통신 로봇을 활용한 회화 실험을 실시해 보니, 이러한 귀가 고집이 나타나지 않고 그 후 평범하게 저녁을 먹을 수 있게 되었다는 결과가 관찰되었다. 저녁 식사 전의 시간대는 직원이 적극적으로 챙기지 않아 고령자 씨가 아무것도 안 할 때가 많다. 그래서 저녁 증후군이 쉽게 나타나는 것이다. 그러므로 봉사자들이 참가해 고령자 씨의 공허한 시간을 줄여 주면 귀가 고집도 줄어들 것이다.

행동 심리 증상[BPSD]처럼 돌봄에 지장을 주는 문제 행동이 나타나기 전에는 주로 공허한 시간을 보내는 경우가 많다. 그러므로 이러한 증상이 나타나기 전 상태가 어떠했는지 주의 깊게 살필 필요가 있다.

→ 공허한 시간에 행동 심리 증상이 일어나기 쉽기 때문에 치매인 고령자 씨의 일상생활을 돌보는 사람의 관찰이 중요하다.

거리 배회

치매가 있는 고령자 씨가 불안하게 계속 걷는 것을 가리킨다.

집으로 돌아가겠다며 밖으로 나가고자 하는 것은 '배회' 행동의 하나다. 지금 자신이 어디에 있는지 몰라서 여기저기 탐색하려 하거나 장을 보러 가고 싶다 등의 희망을 말하며 밖으로 나가는 것, 또는 환각과 망상으로 인해 돌아다니는 경우도 있다. 어떤 경우든 배회하는 본인의 내면에서는 확실한 이유가 있다고 여긴다.

→ 스트레스나 본인의 습관 때문에 밖으로 나가는 경우가 있으므로 행

동의 패턴을 미리 알아 두는 것이 중요하다. 또한 시설과 가정, 지역 커뮤니티와의 연계도 매우 중요하다.

공격성

> 치매인 고령자의 스트레스가 원인이 되어 일어나는 태도 변화의 일종이다.

치매인 고령자 씨가 공격적인 태도를 취하는 것은 자신의 생각을 제대로 전달할 수 없어서 짜증이 나기 때문이다. 젊은 시절과 달리 소통 능력이 떨어지고 그것이 스트레스가 되어 폭발하게 되는 것이다. 특히 시력에 문제가 없고 주변의 상황이 잘 보이는데도 불구하고 회화 능력만 불편해진 고령자 씨에게 이런 경향이 강한 것으로 알려져 있다.

소통 수단은 언어만 있는 게 아니다. 표정과 행동, 손짓 등에도 메시지가 담겨 있다. 한 사람, 한 사람의 성격과 기호, 행동 패턴을 알고 있으면 더욱 깊이 이해할 수 있을 것이다.

→ 천천히 상대방의 말에 귀를 기울이고 관찰해야 고령자 씨가 안심할 수 있다(요양 보호사가 돌봄에 종사하는 햇수가 길어질수록 공격성이 나타나기 쉽다는 조사 결과도 있다). 그러면 공격성도 옅어질 것이 분명하다.

사전 치료 계획

> 만약의 경우에 대비하여 본인이 바라는 의료와 케어에 대해 사전에
> 가족이나 의료 팀과 이야기해 두는 준비를 가리킨다.

인생의 최종 단계에 있어 의료 및 케어에 대해 가족과 친구, 주치의나 의료 팀과 논의해 고령자 씨의 인생관에 따라 의사 결정을 지원하는 것을 '사전 치료 계획^{ACP, Advance Care Planning}'이라고 한다.

자신의 마지막 시기에 대한 생각은 사람마다 다르다. 예를 들어 '누워 있기만 한 채로 의식이 없어지면 인공호흡기를 떼어 주었으면 한다'라거나 '가능한 한 연명 치료를 해 주었으면 한다' 등 제각각이다. '별로 좋은 이야기도 아닌데 그런 얘기는 하지 말자'면서 피할 것이 아니라 평소부터 주위 사람들과 전향적으로 이야기해 두자.

→ 본인의 마음가짐도 시간에 따라 변하는 경우가 있다. 의료 종사자로부터 적절한 정보 제공과 설명이 이루어진 후 가족, 의료진, 요양 보호 기관 등과 반복해서 확인하는 것이 중요하다.

말기 돌봄

> 고령자 씨의 목숨이 끝나는 그날까지 더욱 잘 살아갈 수 있도록 지원하는 것.

최후를 맞이하는 그날까지 최선의 인생을 보낼 수 있도록 지원하는 것을 말기 돌봄End of Life Care이라고 한다. 죽음을 피할 수 없는 환자에게 행하는 '말기 간호'를 고령자의 케어에 응용한 것이라고 할 수 있다.

이것과 비슷한 말로 '완화 케어'도 있으나 이는 주로 말기 환자의 신체적, 정신적 고통을 예방하거나 누그러뜨리는 케어를 의미한다. 말기 돌봄은 치매와 뇌혈관 장애 등의 질환과 권태감, 호흡 곤란, 섬망과 같은 증상 등 고령자 씨 특유의 문제를 다루는 점이 특징이다.

→ 더 나은 최후를 맞이하기 위해 무엇을 중요시할 것인가는 본인과 가족에 따라 다르다. 가능한 한 그 생각에 따라 주위와 관계자가 지원하는 것도 케어의 선택지가 된다.

가족 돌봄 휴직

> 가족을 돌보기 위해 일을 쉬거나 그만두거나 이직하는 것.

고령자 씨의 돌봄을 담당하는 가족에게는 여러 부담이 생기기 때문에 필연적으로 일과 양립하는 것이 어려워져 휴직이나 퇴직을 하고 돌봄에 전념하는 사람이 늘어나고 있다. 그리고 대부분의 경우가 여성 비정규직 노동자다. 임금과 돌봄 비용을 비교해 자신이 일을 그만두고 돌보는 것을 선택하기 때문인데, 돌봄 일변도 생활은 노인 학대를 발생시키는 원인이 되기도 한다. 이러한 면에서 돌봄 휴직을 생각해 볼 필요가 있다.

어떤 고용 형태든지 돌봄 담당자는 한창 일할 40~50대의 사람이 중심이 된다. 그들이 직장을 떠나는 것은 사회에도 큰 손실이다. 일본에서는 여기에 대한 대책으로서 '가족 돌봄 휴직 제도'를 제정한 바 있다.

→ 가족 돌봄 휴직 제도를 활용하는 사람은 매우 극소수다. 법률을 널리 알리고 직장에서도 제도 적용이 필요하다.

가족 돌봄의 환상

'돌봄은 가족이 해야 행복하다'라는 근거 없는 고정 관념을 의미하는 말이다.

'가족 간에 비밀이 있어선 안 된다', '가장이 말하는 것을 따르는 것이 좋다' 등 예전에 있었던 '가족 신화'에서 파생된 생각이다. 이와 마찬가지로 '가족에게 돌봄을 받는 쪽이 행복하다', '부모와 배우자를 돌보는 것은 당연하다'는 사고방식에 사로잡혀 있는 사람이 적지 않다. 일견 당연한 것처럼 들리지만 실제로는 그저 고정 관념에 불과하다(사회적 지원을 받아 마음의 여유가 생기는 편이 요양 보호사와 가족 간의 관계에도 좋다는 것은 실제 사례로 확실히 밝혀져 있다. 이를 위해 전문가가 존재하는 것이다).

부정하는 것이 허용되지 않는 선의의 강제라면 돌보는 쪽도 받는 쪽도 언젠가는 폭발해 버리고 만다. 그 결과로 일어나는 일 중 하나가 '노인 학대'다. 양자는 동전의 양면과도 같은 사태인 것이다.

→ 우선은 '가족에게 돌봄을 받는 것이 고령자에게 가장 행복한 것이다'라는 고정 관념에서 탈피하자. 배려에서 시작된 것이라고 해도 어느 한쪽이, 혹은 양쪽 모두가 스트레스를 떠안아 버리면 누구도 행복해질 수 없다.

노인 학대

돌보는 사람이 고의적으로 고령자를 괴롭히는 것.

노인 학대는 주로 '신체적 학대(외부와의 접촉을 계속 차단하는 것을 포함한다)', '심리적 학대(협박과 무시, 괴롭힘 등)', '성적 학대', '돌봄 방치', '경제적 학대(본인의 합의 없이 재산과 금전을 사용한다)'의 다섯 가지로 분류되는데, 모두 고령자 씨의 인권과 존엄을 크게 훼손하는 것이라는 것은 말할 필요도 없다. 그중에서도 가장 많은 것은 신체적 학대다. 학대를 하는 이유로는 '도와주는 사람이 없다, 돌봄의 지식이 부족하다, 부담이 크다, 돌봄이 힘들다' 등을 들 수 있다. 학대는 결코 허용해선 안 되지만, 돌보는 쪽의 갈등과 스트레스 또한 잊어서는 안 된다.

→ 당사자에게 자각이 없는 경우에도 제3자가 보았을 때 명백한 학대에 해당하는 경우가 있다. 긴급성이 높은 경우에는 전문가의 개입도 고려해야 한다.

성숙한 의존

> 자립할 수 있는 부분은 자립하되 의존해야만 하는 부분은 의존하는 관계를 가리킨다.

정신 분석학자 로널드 페어베언Ronald D. Fairbairn에 의하면 사람은 누군가에게 전면적으로 의존하는 '미숙한 존재'에서, 자립할 수 있는 부분은 자립하되 의존해야만 하는 부분은 의존하는 '성숙한 의존'으로 성장해 나가는 존재라고 한다. 확실한 사회성을 획득한 성인은 타자에게 서툴지 않게 의존하는 것이 가능한 것이다. '누구에게도 의지하지 않고 자립한 상태야말로 인간이 가져야 할 모습이다'라는 것은 환상에 지나지 않는다. 그러므로 어떠한 사람에게 의지할 것인가가 중요해진다.

→ 도움을 구하는 것은 폐를 끼치는 것 아닌가? 이러한 걱정을 하는 사람이라면 '성숙한 의존'의 단계에는 아직 도달하지 못한 것이다. '이 사람을 돌봐 주는 것이 행복하다'라고 상대방이 생각할 수 있을 정도의 매력과 인격을 갖추기 위해 노력하자.

14장 나이가 들어도 언제나 '멋지고 행복한 나'로 살기

바로 지금이 '생애 가장 빛나는 순간'임을 명심하자

늙어서 더욱 풍부한 재능을 발휘하는 사람이 있습니다. 한편으로 일찍부터 심신의 건강에 지장이 생겨서 괴롭고 긴 노후를 보내는 사람도 있습니다. 더 나은 노후를 맞이하기 위해 할 수 있는 일들은 어떤 것일까요?

요즘 세상에는 어디를 가든지 고령자 씨의 모습을 찾아볼 수 있습니다. 평일의 거리는 쇼핑과 미술관 관람에 눈을 반짝이는 고령자 씨로 넘쳐 납니다. 스포츠 클럽의 회원이 되어 젊은 이들에게 뒤처지지 않고 운동에 땀을 흘리는 고령자 씨도 있습니다. 그러나 한편으로는 몸 여기저기에 불편함을 안고 일상생활에 어려움을 겪거나, 평균 수명을 크게 밑도는 나이임에도 급격하게 쇠약해져 사망하는 고령자 씨도 있습니다.

건강한 고령자 씨와 그렇지 않은 고령자 씨의 차이는 도대체 어디에 있는 것일까요? 원래 사람은 생식 능력이 없어진 후에도 오래 살 수 있다는 특징이 있습니다. 특히 여성은 그러한 경향이 현저합니다. 본래 대부분의 생물은 생식기가 지나면 체내의 기능을 유지하는 항상성이 저하되어 죽을 위험이 커집니다. 하지만 사람이, 특히 여성이 오래 사는 것은 젊은 부모의 육아 부담을 할머니의 도움으로 경감시키는 데 목적이 있다고 여겨집니다. 이것을 '할머니 가설'이라고 부르며 사람이 오래 사는 것에 대한 유력한 근거로 보기 때문에, 여성 고령자 씨에게 매우 용기를 주는 가설로 기억해 둘 필요가 있습니다.

물론 육아 방법이 다양해진 현재에는 반드시 '할머니 가설'이 그대로 기능하는 것은 아닙니다. 그래도 고령자 씨가 오래 사는 것에는 사회적인 의미가 분명히 있다고 할 수 있습니다. 의미가 있다면 이를 긍정적으로 받아들이고 반드시 풍요로운 노후를 실현해야 할 것입니다. 확실히 신체 기능은 젊을 때와 같을 수 없습니다. 그러나 고령자 씨에게는 오랜 기간 쌓아 온 지식과 경험이 있습니다.

계산력, 도형 처리, 직관력처럼 젊은이들의 장점이자 '유동 지능'이라 불리는 지적 능력은 나이가 들수록 쇠퇴합니다. 하지만 이해력과 통찰력, 소통 능력과 같은 사고의 축적에 의해 높아지는 '결정 지능'은 경험과 사고를 멈추지 않는 한 쇠퇴하기는커녕 더욱 풍부해집니다. 할 수 없어진 것들을 세며 탄식할 것이 아니라, 나이가 들면서 얻은 능력을 헤아리며 희망을 품는 쪽이 정신적으로도 육체적으로도 훨씬 건전합니다.

고령자 씨도 경험할수록 더 지혜로워진다

장기간에 걸친 인생의 중대한 문제를 처리하는 데 필요한 '지혜'와 새로운 무언가를 만들어 내거나 기존의 틀에 얽매이지 않는 유연한 발상에 필요한 '창조성' 등도 경험을 통해 높아지거나, 분야에 따라서는 고령기에 정점을 맞이할 수 있습니다.

그러나 아무 생각 없이 나이만 먹는 것만으로는 결정 지능도, 지혜도 높아지지 않습니다. 앞에서도 말한 것처럼 경험과 사고를 풍부하게 하지 않으면 그 힘은 더 이상 성장하지 않습니다. 자연을 접하고, 사람과 계속 만나고, 책을 읽거나 하여 마음을 계속 움직여야 경험과 사고가 풍부해집니다. 스스로 솔선하여 여러 경험을 쌓는 것이 좋습니다.

'나는 이제 나이가 많으니 새로운 것을 시작해도 의미가 없다'는 식으로 생각하면 경험을 쌓을 수 없습니다. 사람에 따라 노화의 진행이 빠르거나 늦거나 하는 것도 실은 마음가짐에 따른 것입니다. 오늘날에는 고령자 씨의 디지털 격차 문제도 꽤 심각한데, 여러 가지에 적극적이고 긍정적인 마음을 가진 사람은 디지털 기기도 어려워하지 않고 젊은 사람과 마찬가지로 제대로 활용할 수 있습니다.

살아갈 목적이 우리를 건강하게 만든다

당연한 일이지만 아무리 마음을 좋게 먹고 생활하더라도 근력과 심폐 기능, 오감 등은 쇠퇴합니다. 고령자 씨는 음식물을 잘못 삼키거나 목욕할 때의 히트 쇼크나 낙상 사고로 인한 부상을 당했을 때 그대로 중대한 질환으로 이어지기 쉽습니다. 최악의 경우 죽음과 직결될 우려도 있으므로 충분히 조심해야 합니다.

그리고 고령자 씨가 건강을 유지하는 데 또 한 가지 중요한 것은 역시 마음의 문제입니다. 오랜 기간의 연구에 의해 살아가는 목적을 강하게 가지는 사람일수록 인지 기능 저하의 진행 정도가 완만하다는 것이 알려져 있습니다. 이때 삶의 목적이 반드시 고상할 필요는 없습니다. 예를 들어 1970년대에 미국에서 실시된 조사에서는 시설에 입소한 치매 고령자이더라도 스스로 먹는 것을 가능한 한 선택할 수 있는 입장의 사람은 그렇지 못한 사람보다 수명이 길다는 결과가 도출되었습니다. 아주 사소한 것이라도 목적을 가지고 주체적인 생활을 하는 것이 심신의 건강을 유지하고 황혼기를 보내는 데 얼마나 중요한지 알 수 있습니다. 가족 및 요양 보호사도 이것을 확실히 마음에 새겨 둘 필요가 있습니다.

'황혼기'에 관한 키워드

할머니 가설

> 여성이 장수하는 것은 자식과 손자를 지원할 필요성이 있기 때문이라
> 는 가설.

생물의 수명은 태어나서 생식을 할 수 있을 때까지의 기간으로 결정된다. 포유류의 경우 생식이 가능한 연령의 5~7배가 최대 수명이다. 사람으로 치면 14세의 7배, 약 100세가 최대 수명이다.

그 일생은 태어나서 성적으로 성숙할 때까지의 '성장기', 자손을 남기고 기를 때까지의 '생식기', 생식을 마친 후 여생인 '생식 후기'의 세 가지로 나뉜다. 그중에도 생식 후기는 자연계에서는 불필요한 기간이다. 그러므로 노화 현상이 일어나는 것이다. 실제로 사람은 자식의 양육이 끝나는 시점부터 급속히 늙는 것이 일반적이다.

그러나 여기에서 어째서인지 남녀 차이가 발생한다. 다른 포유류라면 암컷과 수컷이 비슷하게 노화하는데, 여성은 예외적으로 생식 능력을 잃은 후에도 상당히 오랜 기간 살 수

있다. 진화론적으로는 이를 어떻게 설명할까? 그 대답 중 하나가 '할머니 가설'이다.

사람의 아이는 자립할 때까지 걸리는 시간이 길다. 생후 1년간은 걸을 수도 없고, 식사와 배설 등도 다른 사람의 도움이 필요하다. 아이를 키워야 하는 부모 입장에서 보면 생식 기간까지의 항상성만으로는 안심할 수 없다. 그러므로 육아를 사회 전체가 담당한다는 전략을 세우고 생식 기간이 지난 여성(할머니)이 그 역할을 담당하기 위해 더 오래 생존한다는 것이 바로 할머니 가설의 논지다.

여성의 평균 수명이 남성의 평균 수명보다 긴 것 또한 할머니 가설로 설명이 가능하다. 할머니가 아이의 양육에 참여함으로써 아이들의 사망률이 낮아진다. 그렇게 되면 종 전체가 번영할 수 있다는 논리다.

→ 문화가 발달한 현재에는 '할머니 가설'이 그대로 작동하지는 않는다. 그러나 원래 있었던 기능이 사라지지 않고 남아 있다는 것은 고령자 씨의 노년에 지금도 무언가 의미가 있다는 뜻일 것이다.

결정 지능

이해력과 통찰력 등 경험에 근거하여 획득되는 지능을 가리킨다.

고령자 씨가 오래 사는 것의 의미를 생각할 때 중요한 요소 중 하나가 '지능'이다. 지능에도 여러 부류가 있다. 예를 들어 계산의 속도와 도형 처리, 직관력과 같은 정보 처리 능력은 '유동 지능'이라고 불린다. 이것은 컴퓨터로 비유하면 하드웨어에 해당하는 뇌의 성능이 문제가 되는 부분이다. 따라서 뇌의 성장이 멈추는 청년기부터는 쇠퇴하기 시작하여 노년기가 되면 그 쇠퇴 속도가 급격해진다.

'결정 지능'은 경험에 근거하여 획득된 지능이다. 이해력, 통찰력과 같은 사고의 축적에 의해 높아지는 지능이므로, 경험을 계속 축적하고 생각하는 것을 멈추지 않는 한 쇠퇴하지 않는다. 오히려 나이가 들면서 높아지기 때문에 고령자 씨에게는 매우 고마운 지능이다. 이러한 부류의 지능이 있으므로 나이를 먹는 것도 나쁜 것이 아니다.

예전에는 커뮤니티에서 문제가 발생했을 때 모두와 상담하고 조언을 하는 것은 장로의 역할이었다. 정치와 기업 경영의 분야에서 고령자 씨가 활약할 수 있는 것도 결정 지능 덕이다. 젊은이에 비해 고령자 씨의 지능이 모든 면에서 뒤떨어진다고 여기는 것은 완전한 편견이다. 그러나 나이만 들면 누구나 결정 지능이 높아지는 것은 아니다. 통찰력도 이해력도 복잡한 경험과 사고를 통해서만 길러진다.

→ 결정 지능을 높이기 위한 경험을 쌓으려면 집 밖으로 나가 다른 사

람과 대화를 하거나 자연을 접하고, 독서나 예술 감상 등으로 견문을 넓히고, 이러한 경험을 통해 마음이 움직이는 것을 느끼는 것이 필요하다.

일상 지능

일상의 개인적인 문제를 처리하는 데 필요한 지적 능력을 가리킨다.

일반 지능을 구성하는 지능의 하나로 결정 지능과 유동 지능 등과는 별개로 '일상 지능'이라고 불리는 것도 존재한다. 이 지능은 '지혜'와도 유사하지만, 지혜와 비교하면 더욱 개인적이고 그때그때 일상적인 문제를 처리하기 위한 지능이라는 점에 특징이 있다. 성인기에는 일과 가족의 문제를, 고령기에는 가족과 건강이라는 문제를 처리하는 데에 필요한 것이 일반적이다.

일상 지능은 결정 지능과 마찬가지로 성인기 이후에도 성장한다고 알려져 있다. 그러나 이것도 다른 지능과 마찬가지로 나이를 먹는다고 해서 자연히 생기는 것은 아니다.

→ 젊은 시절부터 직업과 교육, 인생 경험 등이 축적되어 체계화된 것이 일상 지능이다. 이를 성장시키기 위해서는 풍부한 경험을 계속 쌓아 가야 할 것이다.

지혜

인생의 중대한 문제를 처리하는 데 필요한 지적 능력을 가리킨다.

'지혜'는 일반적인 이미지 그대로 나이가 들수록 풍부해지는 지적 능력이다. 인생의 중대한 문제를 처리하는 데 필요한 능력을 가리키며, 하루아침에 얻을 수 없는 지식과 경험이 중요한 요인이 된다. 그러므로 지혜를 얻기 위해서는 무엇보다 시간이 든다. 고령자 씨가 젊은이보다 지혜가 발달한 것은 당연하다.

특히 괴롭고 힘든 체험(부정적 생활 사건)이 늘어나는 고령기에, 그러한 체험에 대한 깊은 사색으로 인한 축적이 지혜와 예지의 발달에 영향을 주는 것으로 보인다.

→ 고령자 씨의 지혜는 사회 전체의 귀중한 재산이다. 고령자 씨를 지혜를 가진 사람으로 대하고 존경하면 자기 효능감이 상승하여 한층 풍부한 지혜를 사회에 가져다줄 것이다.

창조성

새로운 무언가를 만들어 내는 능력과 발상을 가리킨다.

창조성에는 지능이나 지혜와 명확히 구분되는 점이 있다. 지능과 지혜는 그 사람 안의 축적된 경험과 지식을 사용한 것인데 반해, 창조성은 지식을 넘어선 발상력과 응용력을 사용하여 새로운 무언가를 만들어 내는 힘이다.

이러한 창조성이 발휘되는 대표적인 것은 예술 작품과 과학적 성과다. W. 데니스의 조사에 의하면 예술 분야에서의 창조성이 정점에 달하는 것은 30~40대이며 그 후의 저하도 급격하지만, 자연 과학 분야에 있어서는 40대가 정점이고 그 후 60대까지는 생산성이 저하하지 않는다고 한다. 또한 인문 과학 분야에서는 30대 이후에 완만한 상승을 보이다가 60대에 생산성의 정점을 맞이한다. 여기에서 알 수 있는 것은 창조성은 반드시 나이가 들면 쇠퇴하는 것이 아니며, 분야에 따라서는 고령자 쪽이 능력을 발휘하기 쉬울 수도 있다는 것이다.

창조성은 수치로 측정할 수 있는 것이 아니므로 몇 살까지 쇠퇴하지 않는가를 정확하게 말하기는 어렵다. 하지만 후기 고령자와 초고령자이더라도 창조성을 발휘하는 예는 얼마든지 있다. 그러나 그저 만연하게 생활하는 것만으로 창조성이 연마되는 것은 아니다. 창조성을 풍부하게 하기 위해서는 폭넓은 정보를 모으고 과제에 대해 여러 독창적인 답을 도출해 내는 '확장적 사고'가 중요하다.

→ 고령기의 생활에 충실하기 위해서는 다양한 것에 흥미를 가지고 여러 각도에서 사물을 생각하는 습관을 길러 창조성을 높이는 것이 중요하다.

디지털 격차 문제

고령자들이 정보 사회에 뒤처지는 매우 중대한 문제.

우리가 살고 있는 사회는 지금 고도의 정보 기술이 넘쳐 나고 있다. 가전의 대부분이 디지털 테크놀로지를 사용하고 있고, 거리에 나가 보면 은행의 ATM 기기나 마트의 셀프 계산대 앞에서 어쩔 줄 몰라 하는 고령자 씨를 보는 것은 드문 일이 아니다. 우리들의 생활을 풍요롭게 해 주는 디지털 기술도 고령자 씨에게는 스트레스의 원인이다.

고령자 씨가 디지털 기술을 잘 사용하지 못하는 것은 그것이 보급된 시기의 연령과 관계가 있다. 대략적인 기준으로 컴퓨터가 보급된 1990년대 후반에 30~40대였던 현재의 60대 이상은 컴퓨터와 스마트폰을 능숙하게 다루지 못하는 사람이 많다.

→ 70대 후반 이상이라도 새로운 것에 적극적으로 흥미를 보이는 호기심 왕성한 고령자 씨라면 디지털 기기를 이용하는 범위를 점점 넓힐 수 있다.

질투

자기보다 뛰어난 점이 있는 사람을 부러워하고 시기하는 마음. 자기 향상으로 이어지는 경우도 있다.

질투는 부정적인 감정으로, 마음에 이것이 생기면 스트레스가 된다. 그럼에도 불구하고 이 감정이 없어지지 않는 것은 사람이 질투에 의한 경쟁심을 바탕으로 여러 기능을 향상시켜왔기 때문이다. 질투심이 강한 사람일수록 경쟁에서 이기고 먹을 것과 부를 얻어 많은 자손을 남긴다. 이것이 '진화심리학(개인의 심리가 생물의 진화론에 비추어 어떤 의미를 가지고 있는가를 연구하는 학문)'에서 생각하는 질투의 존재 이유다. 살아가는 데 있어서 활력이라고도 할 수 있다. 나이가 들어도 향상심을 가지고 노력하는 사람은 질투심이 강한 사람일지도 모른다. 진화론적으로 보자면 매우 일리가 있는 이야기이므로 부정적으로만 볼 필요는 없다.

→ '저 사람은 나랑 나이가 똑같은데 건강하네', '저 사람처럼 젊고 예뻤으면 좋겠어' 하며 남을 부러워하고 시기하는 마음이 들면 뭔가 새로운 것을 시작해 성장할 기회로 삼고 긍정적으로 생각하자.

선택·최적화·보상

노후를 행복하게 살기 위한 전략을 가리킨다.

사람은 행복하게 살아간다는 목표를 달성하기 위해 여러 수단을 생각한다. 독일의 심리학자 폴 발테스Paul B. Baltes는 그 방책을 '선택', '최적화', '보상'이라고 하는 세 가지 요소로 나누어 이론화했다.

'선택'이란 어떠한 목표를 고를 것인가로, 목표는 너무 커서도 또 지나치게 작아서도 안 된다. '최적화'는 목표를 달성하기 위해서 가능한 한 효율적으로 행동하는 것이다. 지금의 자신이 가지고 있는 능력과 자원을 정확히 파악할 필요가 있다. '보상'은 자신에게 부족한 것을 다른 무언가로 보완하는 것이다. 인생의 모든 시기에 적용되는 방책이지만, 나이가 들면서 여러 가지를 상실하고 가진 자원이 한정된 고령자 씨에게는 더욱 중요한 사고방식이다.

세계적인 피아니스트 아르투르 루빈스타인Arthur Rubinstein은 80세의 고령이 되어서도 현역으로 훌륭한 연주를 계속할 수 있었던 비결에 대해 이렇게 대답했다.

"연주할 곡의 수를 줄이고, 한 곡에 들이는 연습 시간을 늘리면서, 손가락 움직임의 둔화를 보완하기 위해 템포에도 변화를 주고 있습니다."

노화에 따른 변화에 적응한 '선택, 최적화, 보상'의 좋은 예라고 할 수 있다. 이것은 특수한 재능을 가진 사람만의 이야기가 아니다. 평범한 사람도 노안이 진행되면 안경을 쓰고, 체력이 떨어지면 익숙하지 않은 일에 손을 대지 않으며, 자신이 잘하는 것을 단시간에 높은 효율로 해내는 것으로 충실한 생활을 보내게 된다.

→ 이처럼 작은 것의 축적은 모든 사람이 황혼기를 보내기 위해 실행하는 적응 전략이다.

주관적 행복

자기의 인생에 얼마나 만족하고 있는지를 측정하는 척도.

행복감이란 '행복을 느낀다'는 의미이지만 문제는 '누구의 행복인가'이다. 고령자 씨가 행복한지 아닌지는 개인의 사고방식과 느끼는 방식에 따라 다르다. 가족에 둘러싸여 왁자지껄하게 보내는 것을 행복이라고 느끼는 사람도 있을 것이고, 다른 사람을 신경 쓸 필요 없이 혼자만의 시간을 보내는 것을 행복이라고 느끼는 사람도 있다. '주관적 행복'이란 그러한 개개인의 느낌을 존중하는 섬세한 행복의 척도다.

주관적 행복(웰빙)은 바람직한 노후의 상태를 가리킨다. 고

령자 씨는 물론이고 가족과 요양 보호사에게도 중요한 개념
이다.

→ 타인의 척도가 아니라 자신이 어떻게 하고 싶은가를 생각하면서 살
아갈 수 있는 사람은 행복하다고 말할 수 있다.

심리적 행복

> 더 잘 살기 위해 필요한 심리 기능이 얼마나 만족하는지를 측정하는
> 척도.

주관적 행복이 '지금의 양호함'을 측정하는 척도라면, '심리적
행복'은 더 잘 살기 위한 심리 기능에 초점을 둔 행복의 척도
라고 할 수 있다. 이 척도를 구성하는 것은 '자기 수용', '삶의
목적', '인격적 성장', '타자와의 긍정적 관계', '환경 제어력', '자
율성'의 여섯 가지 개념이다.

인격적 성장과 삶의 목적은 50대에서 60대에 행복의 정점
을 찍은 뒤 이후에는 저하되는 경향이 있으나, 그 외의 네 가
지는 노화에 따른 변화가 적다. 또한 개인마다 차이가 있다.

→ 타자와 긍정적인 관계를 맺고 자율적인 생활을 할 수 있으면, 사람은
몇 살이 되어도 행복감을 느낄 수 있다. 꼭 이러한 고령자 씨가 되도
록 목표를 가지자.

삶의 보람

인생에서 가치를 찾아내는 것, 삶의 기쁨을 가져오는 것.

건강 문제는 고령자 씨에게 커다란 관심사다. 아프지 않도록 몸을 챙기는 것도 중요하지만 그것만으로는 건강하다고 할 수 없다. 삶의 목적과 보람이 있고, 사회와 연결되어 있으며, 행복을 향해 나아간다는 것을 실감할 때에야 사람은 비로소 정신적으로나 육체적으로 건강하다고 할 수 있다.

삶의 보람을 가지고 있는 고령자 씨는 정신적으로도 육체적으로도 건강하며 오래 산다는 데이터도 있다. 미국의 사례에서는 시설에 입소한 치매 고령자이더라도, 식사 메뉴나 시간을 스스로 결정하는 사람은 그렇지 않은 사람보다 수명이 더 길었다.

→ 건강 상태의 유지 및 향상은 몸과 마음의 문제를 함께 생각해야 할 필요가 있다.